AF276238

Weil, Simone, Reflexiones sobre las causas de la libertad y de la opresión social / Simone Weil. - 2a ed - Ciudad Autónoma de Buenos Aires: EGodot Argentina, 2021. 136 p.; 20 x 13 cm.

ISBN 978-84-19990-24-2

Depósito legal: M-3395-2025

Corrección Luz Rodríguez
Traducción Rafael Blanco Vázquez
Diseño de tapa y guardas Francisco Bó
Diseño de interiores Víctor Malumián
Ilustración de Simone Weil Juan Pablo Martínez

© Ediciones Godot
www.edicionesgodot.com.ar
info@edicionesgodot.com.ar
Facebook.com/EdicionesGodot
Twitter.com/EdicionesGodot
Instagram.com/EdicionesGodot
YouTube.com/EdicionesGodot
Buenos Aires, Argentina, 2025

Impreso en España
Imprenta Kadmos
Salamanca, marzo de 2026

Reflexiones sobre las causas de la libertad y de la opresión social

Simone Weil

Traducción de
Rafael Blanco Vázquez

*En lo que se refiere a los asuntos
humanos, no reír, no llorar,
no indignarse, sino comprender.*
SPINOZA

*El ser dotado de razón puede convertir
cualquier obstáculo en materia
de su trabajo y sacarle partido.*
MARCO AURELIO

Introducción

EL PERÍODO PRESENTE ES de esos en los que todo lo que parece suponer una razón para vivir se evapora y, si no queremos caer en el desasosiego o la inconsciencia, debemos cuestionarlo todo. Que el triunfo de los movimientos autoritarios y nacionalistas arruine por todas partes la esperanza que las buenas gentes habían depositado en la democracia y el pacifismo no es más que una parte del mal que nos aqueja; este es mucho más profundo y amplio. Podemos preguntarnos si existe un solo ámbito de la vida pública o privada en el que las fuentes mismas de la actividad y la esperanza no estén envenenadas por las condiciones en que vivimos. Ya no trabajamos con la orgullosa conciencia de que somos útiles, sino con la humillante y angustiosa sensación de que gozamos de un privilegio otorgado por una efímera gracia del destino, un privilegio del que quedan excluidos varios seres humanos por el mero hecho de ser nuestro; un simple empleo. Los propios empresarios han perdido esa ingenua creencia en un progreso económico ilimitado que les hacía imaginar que tenían una misión. El progreso técnico parece haber fracasado, ya que en lugar de bienestar solo ha llevado a las masas la miseria física y moral en que las vemos debatirse; además, las innovaciones técnicas ya no son admitidas en ningún lugar, o casi, excepto en las industrias de guerra. En cuanto al progreso científico, resulta difícil entender la utilidad de seguir apilando conocimientos encima de un amasijo tan voluminoso que ni el pensamiento de los especialistas puede abarcarlo; y la experiencia demuestra que nuestros antepasados se equivocaron al creer en la difusión de las luces, pues lo único que se puede trasladar a las masas es una miserable caricatura de la cultura científica moderna, caricatura que, lejos de educar su capacidad de juicio, las acostumbra a la credulidad. Hasta el arte sufre las consecuencias de este desasosiego general que lo priva en parte de su público y por ende atenta contra la inspiración. Por último, la vida familiar es pura ansiedad desde que se les ha cerrado la sociedad a los jóvenes. Y esa generación para la cual la febril espera del futuro es la vida entera, vegeta, en el mundo entero, con la conciencia de que no tiene ningún futuro, de que no hay lugar para ella en nuestro universo. Por lo demás, si bien es más agudo en el caso de los jóvenes, este mal es común a toda la humanidad de hoy. Vivimos una época privada de futuro. La espera de lo que venga ya no es esperanza sino angustia.

Sin embargo, existe desde 1789 una palabra mágica que contiene todos los futuros imaginables y que nunca alberga tanta esperanza como en las situaciones desesperadas; es la palabra *revolución*. De ahí que, de un tiempo a esta parte, esté siendo tan pronunciada. Parece ser que deberíamos estar en pleno período revolucionario; pero en realidad todo se desarrolla como si el movimiento revolucionario se hundiera junto con el régimen que aspira a destruir. Desde hace más de un siglo, cada generación de revolucionarios ha vivido con la esperanza de una revolución cercana; hoy, dicha esperanza ha perdido todo lo que podía servirle de punto de apoyo. Ni en el régimen surgido de la Revolución de Octubre, ni en las dos Internacionales, ni en los partidos socialistas o comunistas independientes, ni en los sindicatos, ni en las organizaciones anarquistas, ni en las pequeñas agrupaciones de jóvenes que tanto han proliferado desde hace algún tiempo, podemos encontrar nada que sea vigoroso, sano o puro; hace mucho que la clase obrera no da signos de esa espontaneidad con la que contaba Rosa Luxemburgo y que, de hecho, nunca se manifestó sin ser pasada de inmediato por las armas; a las clases medias solo las seduce la revolución cuando aparece, con fines demagógicos, en boca de aprendices de dictador. A menudo se dice que la situación es objetivamente revolucionaria y que lo único que falla es el "factor subjetivo"; como si la total carencia de esa fuerza que por sí sola bastaría para transformar el régimen no fuera un rasgo objetivo de la situación actual, algo cuyas raíces hay que buscar en la estructura de nuestra sociedad. Por este motivo, el primer deber que nos impone el período presente es tener el suficiente valor intelectual para preguntarnos si el término *revolución* es algo más que una palabra, si encierra un contenido preciso, si no es simplemente una de las numerosas mentiras que ha suscitado el régimen capitalista en su desarrollo y que la crisis actual nos hace el favor de disipar. Parece una pregunta impía por todos los seres nobles y puros que lo han sacrificado todo, incluida su propia vida, por esta palabra. Pero solo los sacerdotes pueden pretender medir el valor de una idea por la cantidad de sangre derramada en su nombre. ¿Quién sabe si la sangre de los revolucionarios no ha corrido tan inútilmente como la de esos griegos y troyanos del poeta que, engañados por una falsa apariencia, se batieron durante diez años alrededor de la sombra de Helena?

I
Crítica del marxismo

Hasta la época actual, todos los que han sentido la necesidad de apuntalar sus sentimientos revolucionarios con concepciones precisas han encontrado o creído encontrar dichas concepciones en Marx. Ha quedado establecido para siempre que Marx, con su teoría general de la historia y su análisis de la sociedad burguesa, demostró la ineluctable necesidad de una transformación cercana en la que se aboliría la opresión a que nos somete el régimen capitalista; y es tan grande el convencimiento que casi nadie se molesta en examinar de cerca dicha demostración. El "socialismo científico" ha pasado a ser un dogma, exactamente igual que todos los resultados obtenidos por la ciencia moderna, resultados en los que pensamos que tenemos el deber de creer, sin que ni siquiera se nos ocurra interesarnos por el método. En lo que respecta a Marx, si queremos asimilar de verdad su demostración, enseguida nos damos cuenta de que comporta muchas más dificultades que las que los propagandistas del "socialismo científico" dejan suponer.

A decir verdad, Marx explica de forma admirable el mecanismo de la opresión capitalista; pero lo explica tan bien que cuesta imaginar cómo podría dejar de funcionar dicho mecanismo. Por lo general, de esa opresión solo nos quedamos con el aspecto económico, a saber, la apropiación de la plusvalía; y si nos atenemos a ese punto de vista, no resulta desde luego nada difícil explicar a las masas que dicha apropiación está ligada a la competencia, ligada a su vez a la propiedad privada, y que el día en que la propiedad se haga colectiva todo irá bien. Sin embargo, incluso dentro de los límites de este razonamiento sencillo en apariencia, un examen atento hace surgir mil dificultades. Y es que, como bien demostró Marx, la auténtica razón de la explotación de los trabajadores no es el deseo que pudieran tener los capitalistas de gozar y consumir, sino la necesidad de agrandar la empresa lo más rápido posible para hacerla más poderosa que las de la competencia. Ahora bien, cualquier especie de colectividad trabajadora, sea cual sea, y no solo la empresa, necesita restringir al máximo el consumo de sus miembros para dedicar el mayor tiempo posible a forjarse armas contra las colectividades rivales; de manera que mientras siga habiendo, en la superficie del planeta, una lucha por el poder, y mientras el factor decisivo para la victoria siga siendo la producción industrial, los obreros serán explotados. A decir verdad, Marx suponía concretamente, sin probarlo, que cualquier especie de lucha por el poder desaparecería el día en que se establezca el socialismo en todos los países industriales; la única desgracia es que, como reconoció el propio Marx, la revolución no puede hacerse en todas partes al mismo tiempo; y cuando se hace en un país, no suprime en dicho país, sino que acentúa, la necesidad de explotar y oprimir a las masas trabajadoras, por miedo a ser más débil que las demás naciones. La historia de la Revolución Rusa constituye una dolorosa ilustración de esto.

Si consideramos otros aspectos de la opresión capitalista, aparecen otras dificultades aun más temibles o, mejor dicho, la misma dificultad, pero bajo una perspectiva más cruda. La fuerza que posee la burguesía para explotar y oprimir a los obreros reside en los cimientos mismos de nuestra vida social, y ninguna transformación política y jurídica puede aniquilarla. Dicha fuerza es, en primer lugar y en esencia, el propio régimen de la producción moderna, a saber, la gran industria. A este respecto, abundan en Marx las fórmulas vigorosas sobre el sometimiento del trabajo vivo al trabajo muerto, "la inversión de la relación entre objeto y sujeto", "la subordinación del trabajador a las condiciones materiales del trabajo". "En la fábrica", escribe en *El capital*, "existe un mecanismo independiente de los trabajadores que los incorpora como engranajes vivos... La separación entre las fuerzas intelectuales que intervienen en la producción y el trabajo manual, y la transformación de las primeras en poder del capital sobre el trabajo, llegan a su apogeo en la gran industria basada en el maquinismo. El detalle del destino individual del operario de las máquinas desaparece como algo carente de valor frente a la ciencia, las formidables fuerzas naturales y el trabajo colectivo, que son incorporados al conjunto de las máquinas y constituyen junto con ellas el poder del propietario". Así, la completa subordinación del obrero a la empresa y a los que la dirigen toma sus raíces en la estructura de la fábrica y no en el régimen de la propiedad. De igual modo, "la separación entre las fuerzas intelectuales que intervienen en la producción y el trabajo manual" o, según otra fórmula, "la degradante división del trabajo en trabajo manual y trabajo intelectual" es la base misma de nuestra cultura, que es una cultura de especialistas. La ciencia es un monopolio, no por una mala organización de la instrucción pública, sino por su propia naturaleza; los profanos solo tienen acceso a los resultados, no a los métodos, es decir que solo pueden creer y no asimilar. El propio "socialismo científico" se ha convertido en el monopolio de unos pocos y los "intelectuales" tienen por desgracia los mismos privilegios en el movimiento obrero que en la sociedad burguesa. Exactamente igual ocurre en el ámbito político. Marx percibió con claridad que la opresión estatal se basa en la existencia de aparatos de gobierno permanentes y separados de la población, a saber, los aparatos burocrático, militar y policial; pero estos aparatos permanentes son el efecto inevitable de la separación radical que existe entre las funciones de dirección y las funciones de ejecución. También en este aspecto el movimiento obrero reproduce integralmente los vicios de la sociedad burguesa. En todos los ámbitos nos encontramos con el mismo obstáculo. Toda nuestra civilización está basada en la especialización, la cual implica el sometimiento de los que ejecutan a los que coordinan; y con semejante base, solo es posible organizar y perfeccionar la opresión, pero no aligerarla. La sociedad capitalista no ha podido elaborar en su seno las condiciones materiales de un régimen de libertad e igualdad, pues la instauración de un régimen así supone una transformación previa de la producción y la cultura.

Que Marx y sus discípulos creyeran de todos modos en la posibilidad de una democracia efectiva sobre los cimientos de la civilización actual, eso es algo que solo podemos comprender si tenemos en cuenta su teoría del desarrollo de las fuerzas productivas. Sabemos que, para Marx, este desarrollo constituye, en el fondo, el auténtico motor de la historia, y que es poco menos que ilimitado. Cada régimen social, cada clase dominante tiene la "tarea", la "misión histórica", de llevar las fuerzas productivas a un nivel cada vez más elevado, hasta que llega el día en que todo progreso ulterior es detenido por los marcos sociales; en ese momento las fuerzas productivas se rebelan, rompen dichos marcos y una nueva clase se hace con el poder. Certificar que el régimen capitalista aplasta a millones de hombres solo permite condenarlo moralmente; lo que constituye la condena histórica del régimen es el hecho de que tras hacer posible el progreso de la producción ahora la obstaculice. La tarea de las revoluciones consiste esencialmente en la emancipación, no de los hombres, sino de las fuerzas productivas. A decir verdad, resulta evidente que, en cuanto estas han alcanzado un desarrollo suficiente para que la producción pueda realizarse con poco esfuerzo, ambas tareas coinciden; y Marx suponía que ese era el caso en nuestra época. Dicha suposición fue la que le permitió establecer un acuerdo indispensable para su tranquilidad moral entre sus aspiraciones idealistas y su concepción materialista de la historia. Para él, la técnica actual, una vez liberada de las formas capitalistas de la economía, puede dar a los hombres, desde ahora, suficiente tiempo libre para permitirles un desarrollo armonioso de sus facultades, lo que hará desaparecer en cierta medida la degradante especialización establecida por el capitalismo; y sobre todo, el ulterior desarrollo de la técnica debe aliviar cada día más el peso de la necesidad material y, como consecuencia inmediata, el de la imposición social, hasta que la humanidad alcance por fin un estado realmente paradisíaco, en el que la más abundante producción requerirá un esfuerzo insignificante, en el que se levantará la antigua maldición del trabajo, en el que se volverá, resumiendo, a la dicha de Adán y Eva antes de que cometieran su falta. Resulta fácil comprender, a partir de esta concepción, la postura de los bolcheviques, y por qué todos, incluido Trotski, tratan las ideas democráticas con soberano desprecio. Se han visto impotentes para llevar a cabo la democracia obrera prevista por Marx; pero ellos no se arredran por tan poco, convencidos como están, por un lado, de que cualquier tentativa de acción social que no consista en desarrollar las fuerzas productivas está condenada de antemano al fracaso, y, por otro, de que cualquier progreso de las fuerzas productivas hace avanzar a la humanidad por el camino de la liberación, aunque sea a costa de una opresión provisional. Siendo tan grande su seguridad moral, no sorprende que hayan asombrado al mundo con su fuerza.

Sin embargo, las creencias reconfortantes no suelen ser razonables. Antes incluso de examinar la concepción marxista de las fuerzas productivas, llama la atención el carácter mitológico que dicha concepción presenta en toda la literatura socialista, donde es considerada un postulado. Marx nunca explica por qué razón las fuerzas productivas tenderían a incrementarse; al admitir sin pruebas tan misteriosa tendencia, no se emparenta con Darwin, como le gustaba creer, sino con Lamarck, que también basaba todo su sistema biológico en una inexplicable tendencia de los seres vivos a la adaptación. Del mismo modo, ¿por qué razón, cuando las instituciones sociales se oponen al desarrollo de las fuerzas productivas, debería la victoria corresponder de antemano a estas y no a aquellas? Evidentemente Marx no supone que los hombres transforman de manera consciente su estado social para mejorar su situación económica; sabe muy bien que hasta nuestros días las transformaciones sociales nunca han ido acompañadas de una conciencia clara de su alcance real; así pues, admite de forma implícita que las fuerzas productivas poseen una virtud secreta que les permite vencer los obstáculos. ¿Pero por qué deja asentado sin demostrarlo, y como una verdad evidente, que las fuerzas productivas pueden conocer un desarrollo ilimitado? Toda esta doctrina, en la que se basa enteramente la concepción marxista de la revolución, está desprovista del más mínimo carácter científico. Para comprenderla, hay que recordar los orígenes hegelianos del pensamiento marxista. Hegel creía que en el universo se oculta un espíritu en acción y que la historia del mundo es simplemente la historia de ese espíritu del mundo, el cual, como todo lo espiritual, tiende indefinidamente a la perfección. Marx pretendió "enderezar" la dialéctica hegeliana, a la que acusaba de estar "patas arriba"; sustituyó el espíritu por la materia como motor de la historia; pero en una paradoja extraordinaria, concibió la historia, a partir de dicha rectificación, como si atribuyera a la materia lo que es la esencia misma del espíritu, una perpetua aspiración a un estado superior. De hecho, así sintonizaba profundamente con la corriente general del pensamiento capitalista; transferir el principio del progreso del espíritu a las cosas es dar una expresión filosófica a esa "inversión de la relación entre sujeto y objeto" en la que Marx veía la esencia misma del capitalismo. El desarrollo de la gran industria convirtió a las fuerzas productivas en la divinidad de una especie de religión que influyó en Marx, a pesar suyo, al elaborar su concepción de la historia. El término de "religión" puede sorprender tratándose de Marx; pero creer que nuestra voluntad converge con una misteriosa voluntad que mueve el mundo y nos ayudará a vencer es pensar religiosamente, es creer en la Providencia. De hecho, el vocabulario mismo de Marx lo demuestra, pues contiene expresiones casi místicas, como por ejemplo "la misión histórica del proletariado". Esta religión de las fuerzas productivas en cuyo nombre generaciones enteras de empresarios han aplastado a las masas trabajadoras sin el menor remordimiento constituye asimismo un factor de opresión en el interior del movimiento socialista; todas las religiones hacen del hombre un simple instrumento de la Providencia, y el propio socialismo pone a los hombres al servicio del progreso histórico, es decir del progreso de la producción. Por este motivo, sea cual sea el ultraje infligido a la memoria de Marx por el culto que le profesan los opresores de la Rusia moderna, en parte se lo merece. Marx, es cierto, nunca tuvo otro móvil que una generosa aspiración a la libertad y la igualdad; solo que tal aspiración, separada de la religión materialista con la que se confundía en su cabeza, ya solo pertenece a eso que Marx llamaba con desdén el socialismo utópico. Si la obra de Marx no contuviera nada más valioso, podría ser olvidada sin mayor inconveniente, con la salvedad al menos de los análisis económicos.

Pero este no es el caso; encontramos en Marx otra concepción totalmente alejada de ese hegelianismo inverso, a saber, un materialismo que ya no tiene nada de religioso y constituye no una doctrina sino un método de conocimiento y acción. No resulta infrecuente ver cómo en los grandes pensadores dos concepciones distintas e incluso incompatibles se confunden debido a la inevitable imprecisión del lenguaje; absortos en la elaboración de ideas nuevas, les falta tiempo para hacer el examen crítico de su hallazgo. La gran idea de Marx es que tanto en la sociedad como en la naturaleza las cosas solo se realizan mediante transformaciones materiales. "Los hombres construyen su propia historia, pero en condiciones determinadas". Desear no sirve, hay que conocer las condiciones materiales que determinan nuestras posibilidades de acción; y en el ámbito social, tales condiciones están definidas por la manera en que el hombre obedece a las necesidades materiales al satisfacer sus propias necesidades, o dicho de otro modo por el modo de producción. Una mejora metódica de la organización social requiere un profundo estudio previo del modo de producción, para intentar saber, por un lado, qué se puede esperar de él, en el futuro inmediato y lejano, desde el punto de vista del rendimiento, por otro, con qué formas de organización social y de cultura es compatible, y, por último, cómo podemos transformarlo. Hay que ser irresponsable para pasar por alto un estudio semejante y aun así aspirar a llevar las riendas de la sociedad; pero por desgracia así ocurre siempre, tanto en los círculos revolucionarios como en las clases dirigentes. El método materialista, ese instrumento que nos dejó Marx, es un instrumento virgen; ningún marxista lo ha usado realmente, empezando por el propio Marx. La única idea de veras valiosa de la obra de Marx es también la única que ha sido totalmente obviada. No es de extrañar que los movimientos sociales herederos de Marx hayan fracasado.

La primera cuestión que hay que plantear es la del rendimiento del trabajo. ¿Tenemos razones para suponer que la técnica moderna, en su nivel actual, será capaz, en la hipótesis de un reparto equitativo, de asegurar a todos suficiente bienestar y tiempo libre para que las condiciones modernas del trabajo dejen de poner trabas al desarrollo del individuo? A este respecto parece haber muchas ilusiones, sabiamente mantenidas por la demagogia. No son los beneficios lo que hay que calcular; la parte de los beneficios que se reinvierte en la producción sería en general arrebatada a los trabajadores bajo cualquier régimen. Lo que habría que poder hacer es la suma de todos los trabajos de los que se podría prescindir si transformáramos el régimen de la propiedad. Y la cuestión no quedaría resuelta todavía; hay que tener en cuenta los trabajos que implicaría la reorganización completa del aparato de producción, reorganización necesaria para adaptar la producción a su nuevo fin, a saber, el bienestar de las masas; no hay que olvidar que no se abandonaría la fabricación de los armamentos mientras no se destruyera en todas partes el régimen capitalista; y sobre todo es de prever que la destrucción del beneficio individual, al hacer desaparecer ciertas formas de derroche, suscitaría necesariamente otras. Resulta evidente la imposibilidad de establecer cálculos precisos; pero se puede comprender sin ellos que la supresión de la propiedad privada no bastaría ni de lejos para impedir que el duro trabajo de las minas y las fábricas siguiera oprimiendo como un yugo a los que están sometidos a él.

Pero si la técnica, en su estado actual, no basta para liberar a los trabajadores, ¿es razonable por lo menos esperar que esté destinada a un desarrollo ilimitado, el cual implicaría un crecimiento ilimitado del rendimiento del trabajo? Es lo que todo el mundo admite, tanto entre los capitalistas como entre los socialistas, sin el menor estudio previo de la cuestión; basta que el rendimiento del esfuerzo humano haya aumentado de forma inaudita en los últimos tres siglos para que se suponga que dicho crecimiento seguirá manteniendo el mismo ritmo. Nuestra cultura supuestamente científica nos ha transmitido la funesta costumbre de generalizar, de extrapolar con arbitrariedad, en vez de estudiar las condiciones de un fenómeno y los límites que dichas condiciones implican; y Marx, cuyo método dialéctico debía preservarlo de semejante error, cayó como los demás.

El problema es crucial y capaz de determinar todas nuestras perspectivas; hay que formularlo con la mayor precisión. Para ello, es importante saber primero en qué consiste el progreso técnico, qué factores intervienen en él, y examinar por separado cada factor; porque se confunden bajo el nombre de progreso técnico procedimientos totalmente diferentes y que ofrecen posibilidades de desarrollo diferentes. El primer procedimiento con el que cuenta el hombre para producir más con menos esfuerzo es el uso de las fuentes naturales de energía; y es verdad en cierto sentido que no se puede atribuir a las ventajas de tal procedimiento un límite preciso, ya que ignoramos qué nuevas energías se podrán utilizar en un futuro; pero eso no significa que esta vía implique perspectivas de progreso indefinido, ni que asegure el progreso en general. Porque la naturaleza no nos da dicha energía, sea cual sea la forma en que esta se presente, fuerza animal, hulla o petróleo; hay que arrancársela y transformarla con nuestro trabajo para adaptarla a nuestros propios fines. Ahora bien, este trabajo no necesariamente va disminuyendo a medida que pasa el tiempo; hoy día se produce incluso lo contrario, ya que la extracción de la hulla y el petróleo se va haciendo, de forma progresiva y automática, menos fructuosa y más costosa. Más aún, los yacimientos que hoy conocemos están destinados a agotarse al cabo de un tiempo relativamente corto. Podemos encontrar nuevos yacimientos; pero la búsqueda y la instalación de nuevas explotaciones, algunas de las cuales sin duda fracasarán, resultarán costosas; por lo demás, no sabemos cuántos yacimientos desconocidos existen, y de todas maneras no será una cantidad ilimitada. También podemos, y sin duda algún día tendremos que hacerlo, encontrar nuevas fuentes de energía; solo que nada garantiza que su uso exija menos trabajo que el uso de la hulla o los aceites pesados; lo contrario también es posible. Incluso puede ocurrir, en última instancia, que el uso de una fuente de energía natural suponga un trabajo superior a los esfuerzos humanos para los que buscamos una alternativa. En este terreno, el azar decide; porque el descubrimiento de una fuente de energía nueva y de fácil acceso o de un procedimiento económico de transformación para una fuente de energía conocida no es de esas cosas que estamos seguros de conseguir si reflexionamos con método y le dedicamos tiempo. Nos ilusionamos al respecto porque solemos considerar el desarrollo de la ciencia desde fuera y en bloque; no nos damos cuenta de que, si bien algunos resultados científicos dependen exclusivamente del buen uso que el investigador hace de su razón, otros necesitan de una feliz coincidencia. Así ocurre con el uso de las fuerzas de la naturaleza. Es verdad que toda fuente de energía es transformable; pero la seguridad que el científico tiene de hallar en el transcurso de sus investigaciones algo económicamente ventajoso es la misma que tiene el explorador de alcanzar un territorio fértil. De ello podemos encontrar un instructivo ejemplo en los famosos experimentos relativos a la energía térmica de los océanos que tanta y tan inútil repercusión han tenido. Ahora bien, en cuanto interviene el azar, la noción de progreso continuo deja de ser aplicable. Así pues, es puro sueño esperar que el desarrollo de la ciencia lleve un día, de manera en cierto modo automática, al descubrimiento de una fuente de energía utilizable de manera casi inmediata para todas las necesidades humanas. No se puede demostrar que sea imposible; y a decir verdad también es posible que un buen día alguna transformación repentina del orden astronómico brinde a amplias extensiones del globo terrestre el clima arrebatador que permite, según cuentan, que algunas tribus primitivas vivan sin trabajo; pero las posibilidades de este orden nunca deben ser tenidas en cuenta. En líneas generales, no sería razonable pretender determinar desde ahora lo que el futuro deparará al género humano en este terreno.

Por otro lado, solo existe otro recurso que permita disminuir la suma del esfuerzo humano, a saber, lo que podemos llamar, con expresión moderna, la racionalización del trabajo. En ella se pueden distinguir dos aspectos, uno referido a la relación entre los esfuerzos simultáneos, y el otro a la relación entre los esfuerzos sucesivos; en ambos casos el progreso consiste en aumentar el rendimiento de los esfuerzos por la forma de combinarlos. Está claro que en este terreno se puede en última instancia dejar de lado el azar y que la noción de progreso tiene un sentido; de lo que se trata es de saber si tal progreso es ilimitado y, en caso contrario, si aún estamos lejos del límite. En lo referente a eso que podemos llamar la racionalización del trabajo en el espacio, los factores de ahorro son la concentración, la división y la coordinación de los trabajos. La concentración del trabajo implica la disminución de todo lo que se puede englobar bajo el nombre de gastos generales, como los gastos de local, de transportes y a veces de utillaje. La división del trabajo, por su parte, tiene efectos mucho más asombrosos. Para empezar, permite adquirir una rapidez considerable en la ejecución de labores que también podrían realizar por trabajadores aislados pero mucho más despacio, ya que cada uno tendría que hacer por su cuenta el esfuerzo de coordinación que la organización del trabajo permite asumir a un solo hombre por cuenta de muchos otros; el famoso análisis de Adam Smith relativo a la fabricación de alfileres da un ejemplo de ello. Para terminar, y esto es lo más importante, la división y la coordinación de los esfuerzos hacen posibles obras colosales que excederían infinitamente las posibilidades de un hombre solo. También hay que tomar en consideración los ahorros que permite en transportes de energía y materia prima la especialización por regiones, y sin duda otros muchos ahorros más en los que sería demasiado largo entrar. Sea como sea, en cuanto se echa un vistazo al régimen actual de la producción parece bastante claro, no solo que esos factores de ahorro comportan un límite más allá del cual pasan a ser factores de gasto, sino también que dicho límite ha sido alcanzado y superado. Desde hace ya varios años el crecimiento de las empresas va acompañado, no de una disminución, sino de un incremento de los gastos generales; el funcionamiento de la empresa, que se ha vuelto demasiado complejo para permitir un control eficaz, deja un margen cada vez mayor al derroche y suscita una extensión acelerada y, sin duda, en cierta medida parasitaria del personal destinado a la coordinación de las diversas partes de la empresa. La extensión del comercio, que antaño desempeñó un papel formidable como factor de progreso económico, se pone también a causar más gastos de los que evita, porque las mercancías se mantienen improductivas durante mucho tiempo, porque el personal destinado al comercio crece también a un ritmo acelerado y porque los transportes consumen una energía cada vez mayor en razón de las innovaciones destinadas a aumentar la velocidad, innovaciones que por fuerza resultan cada vez más costosas y menos eficaces a medida que se van sucediendo. Así en todos estos aspectos el progreso se transforma hoy, de forma literalmente matemática, en regresión.

El progreso debido a la coordinación de los esfuerzos en el tiempo es sin duda el factor más importante del progreso técnico; es también el más difícil de analizar. Desde Marx, es costumbre designarlo al hablar de la sustitución del trabajo vivo por el trabajo muerto, fórmula de una terrible imprecisión, en el sentido de que evoca la imagen de una evolución continua hacia una etapa de la técnica en la que, por así decirlo, todos los trabajos por hacer ya estarían hechos. Esta imagen es tan quimérica como la de una fuente natural de energía que fuera tan inmediatamente accesible para el hombre como su propia fuerza vital. La sustitución en cuestión tan solo cambia los movimientos que permitirían obtener directamente ciertos resultados por otros movimientos que producen dicho resultado indirectamente gracias a la disposición asignada a cosas inertes; sigue siendo encomendar a la materia lo que parecía ser la función del esfuerzo humano, pero en lugar de usar la energía que proporcionan ciertos fenómenos naturales, se usan la resistencia, la solidez, la dureza que poseen ciertos materiales. Tanto en un caso como en otro, las propiedades de la ciega e indiferente materia solo pueden adaptarse a los fines humanos mediante el trabajo humano; y tanto en un caso como en otro la razón prohíbe admitir de antemano que dicho trabajo de adaptación deba ser necesariamente inferior al esfuerzo que deberían realizar los hombres para alcanzar directamente el fin que tienen en perspectiva. Pero mientras el uso de las fuentes naturales de energía depende en una medida considerable de azares imprevisibles, el uso de materiales inertes y resistentes se ha efectuado en general según una progresión continua que podemos abarcar y prolongar con el pensamiento una vez comprendido el principio en que se basa. La primera etapa, desde que el hombre es hombre, consiste en encomendar a objetos colocados en lugares apropiados todos los esfuerzos de resistencia cuyo objetivo sea impedir ciertos movimientos por parte de ciertas cosas. La segunda etapa define el maquinismo propiamente dicho; el maquinismo se hizo posible el día en que se comprendió que no solo se podía usar la materia inerte para asegurar la inmovilidad donde hiciera falta, sino incluso para conservar las relaciones permanentes de los movimientos entre sí, relaciones que hasta entonces tenían que ser establecidas cada vez por el pensamiento. Para ello, es necesario y suficiente haber podido grabar dichas relaciones, transponiéndolas, en las formas dadas a la materia sólida. Así es como uno de los primeros progresos en abrir el camino al maquinismo consistió en eximir al tejedor de adaptar la selección de los hilos para su bastidor al dibujo de la tela, y ello gracias a un cartón con unos agujeros que se corresponden con el dibujo. Si esta clase de transposiciones en los diversos tipos de trabajo solo se han podido obtener poco a poco y gracias a inventos aparentemente debidos a la inspiración o el azar, es porque el trabajo manual combina los elementos permanentes que contiene a fin de ocultarlos la mayor parte del tiempo bajo una apariencia de variedad; por eso el trabajo parcelario de las manufacturas precedió a la gran industria. Por último, la tercera etapa es la de la técnica automática, que apenas comienza; se trata de la posibilidad de encomendar a la máquina no solo una operación siempre idéntica a sí misma, sino también un conjunto de operaciones variadas. Dicho conjunto puede ser tan vasto y complejo como se quiera; lo único necesario es que sea una variedad definida y limitada de antemano. Así pues, la técnica automática, que aún se encuentra en una fase en cierto modo primitiva, puede en teoría desarrollarse de forma indefinida; y el uso de semejante técnica para satisfacer las necesidades humanas no comporta más límites que los que impone la cuota de imprevisto de las condiciones de la existencia humana. Si pudiéramos concebir condiciones de vida que no comportasen el menor imprevisto, el mito estadounidense del robot tendría sentido y la supresión completa del trabajo humano mediante un acondicionamiento sistemático del mundo sería posible. Pero eso son ficciones y nada más; podrían ser ficciones útiles de elaborar, a modo de límite ideal, si al menos los hombres tuvieran la capacidad de disminuir progresivamente con un método cualquiera dicha cuota de imprevisto de su vida. Pero tampoco es el caso, y ninguna técnica eximirá jamás a los hombres de renovar y adaptar sin tregua, con el sudor de su frente, las herramientas que manejan.

En estas condiciones, resulta fácil concebir que un cierto grado de automatismo pueda ser más costoso en esfuerzos humanos que un grado inferior. Al menos resulta fácil de concebir en abstracto; es casi imposible llegar en este terreno a una apreciación concreta debido al gran número de factores que habría que considerar. La extracción de los metales con los que se hacen las máquinas solo puede operarse con trabajo humano; y al tratarse de minas, el trabajo se hace más y más duro a medida que se efectúa, aparte de que los yacimientos conocidos pueden agotarse de manera relativamente rápida; los hombres se reproducen, el hierro no. Tampoco hay que olvidar, aunque los balances financieros, las estadísticas y las obras de los economistas no se dignen señalarlo, que el trabajo de las minas es más doloroso, agotador y peligroso que la mayoría de los demás trabajos; el hierro, el carbón, el hidróxido de potasio son productos manchados de sangre. Además, las máquinas automáticas solo resultan ventajosas si producen en serie y en cantidades masivas; de modo que su funcionamiento está ligado al desorden y el derroche que supone una centralización económica exagerada; por otro lado, crean la tentación de producir mucho más de lo que se necesita para satisfacer las necesidades reales, lo que conduce a gastar sin beneficios tesoros de fuerza humana y de materias primas. Tampoco podemos pasar por alto los gastos que supone cualquier progreso técnico, debido a las investigaciones previas, a la necesidad de adaptar a dicho progreso otras ramas de la producción y al abandono del viejo material, que a menudo es desechado cuando aún podría servir por mucho tiempo. Nada de todo esto puede ser medido ni siquiera de forma aproximada. En líneas generales, lo único claro es que cuanto más elevado es el nivel de la técnica, menores son las ventajas que pueden aportar los progresos nuevos respecto a los inconvenientes. No obstante, no tenemos ninguna manera de ver con claridad si estamos cerca o lejos del límite a partir del cual el progreso técnico se transformará en factor de regresión económica. Tan solo podemos intentar adivinarlo empíricamente, basándonos en cómo evoluciona la economía actual.

Ahora bien, lo que vemos es que desde hace algunos años, en casi todas las industrias, las empresas se niegan por sistema a acoger las innovaciones técnicas. La prensa socialista y comunista extrae de este hecho elocuentes declamaciones contra el capitalismo, pero omite explicar cuál es ese milagro que haría que unas innovaciones actualmente dispendiosas se volvieran económicamente ventajosas en un régimen socialista o que se las da de tal. Es más razonable suponer que en este terreno no estamos lejos del límite del progreso útil; e incluso, dado que la complicación de las relaciones económicas actuales y la formidable extensión del crédito impiden que los empresarios se den cuenta enseguida de que un factor antaño ventajoso ha dejado de serlo, podemos concluir, con todas las reservas que un problema tan confuso impone, que lo más probable es que dicho límite ya haya sido superado.

A decir verdad, un estudio serio de este asunto debería tomar en consideración muchos otros elementos. Los diversos factores que contribuyen a aumentar el rendimiento del trabajo no se desarrollan por separado, aunque haya que separarlos en el análisis; se combinan, y tales combinaciones producen efectos difíciles de prever. Por lo demás, el progreso técnico no solo sirve para conseguir con facilidad lo que antes se conseguía con grandes esfuerzos;

también hace posibles trabajos que sin él habrían resultado prácticamente inimaginables. Sería pertinente examinar el valor de estas nuevas posibilidades, teniendo en cuenta que no son solo posibilidades de construcción, sino también de destrucción. Pero a un estudio así no le quedaría más remedio que tener en cuenta las relaciones económicas y sociales que están inevitablemente ligadas a una determinada forma de la técnica. Por el momento, basta con comprender que la posibilidad de progresos ulteriores en lo relativo al rendimiento del trabajo no es algo que esté fuera de duda; que, a juzgar por las apariencias, hoy en día tenemos tantas razones para suponer que disminuirá como para suponer que aumentará; y, lo más importante, que un crecimiento continuo e ilimitado de dicho rendimiento es, hablando con propiedad, inconcebible. Tan solo la embriaguez provocada por la rapidez del progreso técnico ha podido dar origen a la loca idea de que el trabajo podría un día ser superfluo. En el ámbito de la ciencia pura, esta idea se tradujo en la búsqueda de la "máquina de movimiento perpetuo", es decir la máquina que, de modo indefinido, produciría trabajo sin consumir jamás; y los científicos no tardaron en echarla por tierra con la ley de la conservación de la energía. En el ámbito social, las divagaciones son mejor acogidas. "La etapa superior del comunismo", considerada por Marx como el último término de la evolución social, es, en suma, una utopía absolutamente análoga a la del movimiento perpetuo. Y en nombre de dicha utopía los revolucionarios derramaron su sangre. Mejor dicho, derramaron su sangre en nombre o bien de dicha utopía o bien de la creencia igualmente utópica de que un simple decreto podría poner el sistema de producción actual al servicio de una sociedad de hombres libres e iguales. ¿Qué hay de extraño en que toda esa sangre haya corrido en vano? La historia del movimiento obrero aparece así bajo una perspectiva cruel, pero particularmente esclarecedora. La podemos resumir por completo señalando que la clase obrera solo dio muestras de fuerza cuando sirvió a causas diferentes de la revolución obrera. El movimiento obrero pudo hacer creer que tenía poder mientras se trató de contribuir a liquidar los vestigios del feudalismo, a acondicionar la dominación capitalista ya fuera en forma de capitalismo privado, ya fuera en forma de capitalismo de Estado, como ocurrió en Rusia; ahora que en ese terreno su función ha terminado y la crisis le plantea el problema de la toma efectiva del poder por parte de las masas trabajadoras, se desmorona y se disuelve con una rapidez que aniquila el coraje de los que habían depositado su fe en él. Sobre sus ruinas se desarrollan interminables controversias que solo pueden calmarse con las fórmulas más ambiguas; porque entre todos los hombres que aún se empeñan en hablar de revolución, tal vez no haya dos que atribuyan a este término el mismo contenido. Y no es extraño. La palabra *revolución* es una palabra por la que se mata, por la que se muere, por la que se envía a las masas populares a la muerte, pero que no tiene contenido alguno.

Sin embargo, tal vez podamos darle un sentido al ideal revolucionario, ya que no como perspectiva posible, sí al menos como límite teórico de las transformaciones sociales realizables. Lo que le pediríamos a la revolución es la abolición de la opresión social; pero para que esta noción tenga al menos alguna oportunidad de significar algo, primero hay que distinguir entre opresión y subordinación de los caprichos individuales a un orden social. Mientras haya una sociedad, encerrará la vida de los individuos en límites muy estrechos y les impondrá sus reglas; pero esta exigencia inevitable solo merece ser llamada opresión en la medida en que, al provocar una separación entre los que la ejercen y los que la sufren, pone a los segundos a merced de los primeros y deja caer con todo su peso, hasta el aplastamiento físico y moral, la presión de los que mandan sobre los que ejecutan. Incluso tras esta distinción, nada permite en principio suponer que la supresión de la opresión sea, no ya posible, sino simplemente concebible como límite. Marx mostró con fuerza, en unos análisis de cuyo alcance ni él mismo fue consciente, que el régimen actual de la producción, o sea la gran industria, condena al obrero a no ser más que un engranaje de la fábrica y un simple instrumento en manos de los que le dirigen; y es inútil esperar que el progreso técnico pueda, mediante una disminución progresiva y continua del esfuerzo de la producción, aligerar, hasta casi hacerlo desaparecer, el doble peso que el hombre soporta de la naturaleza y la sociedad. Así pues, el problema está bien claro; se trata de saber si se puede concebir una organización de la producción que, aunque incapaz de eliminar las necesidades naturales y la exigencia social que estas conllevan, al menos les permita manifestarse sin aplastar bajo el peso de la opresión las mentes y los cuerpos. En una época como la nuestra, aprehender con claridad este problema quizá sea una condición para poder vivir en paz con nosotros mismos. Si logramos concebir en concreto las condiciones de esa organización liberadora, solo queda ejercer, para dirigirnos hacia ella, todo el poder de acción, grande o pequeño, del que disponemos; y si entendemos con claridad que la posibilidad de semejante modo de producción ni siquiera es concebible, al menos ganamos poder resignarnos legítimamente a la opresión y dejar de creernos cómplices por no hacer nada eficaz para impedirla.

II

Análisis de la opresión

E N RESUMEN, SE TRATA de conocer el lazo que une la opresión en general y cada forma de opresión en particular con el régimen de la producción; dicho de otro modo, de llegar a captar el mecanismo de la opresión, a comprender en virtud de qué surge, subsiste, se transforma, y en virtud de qué podría tal vez desaparecer en teoría. Estamos ante una cuestión nueva, o casi. Durante siglos, las almas generosas consideraron el poder de los opresores como una usurpación pura y simple, a la cual había que intentar oponerse ya fuera mediante la simple expresión de una reprobación radical, ya fuera mediante la fuerza armada puesta al servicio de la justicia. De ambas maneras, el fracaso siempre fue total; y nunca era más significativo que cuando por un momento adoptaba apariencia de victoria, como ocurrió en la Revolución Francesa, y tras conseguir que desapareciera realmente una cierta forma de opresión, nos hacía asistir, impotentes, a la inmediata instalación de una opresión nueva.

La reflexión sobre este estrepitoso fracaso, que había sido el colofón de todos los demás, hizo que Marx al fin comprendiera que no se puede suprimir la opresión mientras subsistan las causas que la hacen inevitable, y que dichas causas radican en las condiciones objetivas, es decir materiales, de la organización social. Entonces elaboró una concepción de la opresión totalmente nueva, ya no como usurpación de un privilegio, sino como órgano de una función social. Dicha función es la misma que consiste en desarrollar las fuerzas productivas, en la medida en que dicho desarrollo requiere duros esfuerzos y penosas privaciones; y entre dicho desarrollo y la opresión social, Marx y Engels hallaron relaciones mutuas. Para empezar, según ellos, la opresión se establece solo cuando los progresos de la producción han suscitado una división del trabajo lo suficientemente profunda para que el comercio, el mando militar y el gobierno constituyan funciones separadas; por otra parte la opresión, una vez establecida, provoca el desarrollo ulterior de las fuerzas productivas y cambia de forma a medida que lo exige dicho desarrollo, hasta el día en que, al pasar a ser para él un obstáculo más que una ayuda, desaparece pura y simplemente. Por muy brillantes que sean los análisis concretos con que los marxistas han ilustrado este esquema, y aunque constituya un progreso respecto a las ingenuas indignaciones que lo preceden, no podemos decir que esclarezca el mecanismo de la opresión. Solo describe su origen parcialmente; ya que ¿por qué tendría que volverse opresión la división del trabajo? No permite de ningún modo esperar razonablemente su final; ya que, si bien Marx creyó mostrar cómo el régimen capitalista termina obstaculizando la producción, ni siquiera intentó probar que, en nuestros días, cualquier otro régimen opresivo la obstaculizaría igual; y además ignoramos por qué la opresión no podría lograr mantenerse, incluso una vez convertida en factor de regresión económica. Sobre todo, Marx omite explicar por qué la opresión es invencible mientras sea útil, por qué los oprimidos sublevados nunca han conseguido fundar una sociedad no opresiva, ya sea sobre la base de las fuerzas productivas de cada época, ya sea incluso a costa de una regresión económica que difícilmente podría aumentar su miseria; y por último deja por completo en la sombra los principios generales del mecanismo mediante el cual una determinada forma de opresión es sustituida por otra.

Más aún, no es que los marxistas no resolvieran ninguno de esos problemas, sino que ni siquiera creyeron tener que formularlos. Les pareció que para explicar la opresión social bastaba con dejar asentado que se corresponde con una función en la lucha contra la naturaleza. Por lo demás, solo esclarecieron realmente esta correspondencia en el régimen capitalista; pero de todas maneras, suponer que semejante correspondencia constituye una explicación del fenómeno equivale a aplicar inconscientemente a los organismos sociales el famoso principio de Lamarck, tan ininteligible como cómodo, "la función crea el órgano". La biología solo empezó a ser una ciencia el día en que Darwin sustituyó este principio por la noción de las condiciones de existencia. El progreso consiste en que la función ya no es considerada la causa sino el efecto del órgano, único orden inteligible; el papel de causa ahora solo se le atribuye a un mecanismo ciego, el de la herencia, combinado con las variaciones accidentales. Por sí mismo, a decir verdad, dicho mecanismo ciego lo único que puede es producir al azar cualquier cosa; la adaptación del órgano a la función interviene aquí para limitar el azar eliminando las estructuras no viables, ya no como tendencia misteriosa, sino como condición de existencia; y tal condición se define a través de la relación del organismo considerado con el medio mitad inerte y mitad vivo que lo rodea, y muy especialmente con los organismos semejantes que compiten con él. La adaptación es ahora concebida con respecto a los seres vivos como una necesidad exterior y no interior. Está claro que este luminoso método no es solo válido en biología, sino en cualquier ámbito en que nos encontremos en presencia de estructuras organizadas que no ha organizado nadie. Para poder invocar a la ciencia en materia social, habría que llevar a cabo respecto al marxismo un progreso análogo al que llevó a cabo Darwin respecto a Lamarck. Las causas de la evolución social ya solo deben buscarse en los esfuerzos cotidianos de los hombres considerados como individuos. Es cierto que estos esfuerzos no se realizan sin una dirección precisa; dependen, en cada caso, del temperamento, la educación, las rutinas, las costumbres, los prejuicios, las necesidades naturales o adquiridas, el entorno y, sobre todo, en líneas generales, de la naturaleza humana, término que, aunque complicado de definir, probablemente no carece de sentido. Pero dada la diversidad casi indefinida de los individuos, dado sobre todo que la naturaleza humana comporta entre otras cosas el poder de innovar, de crear, de superarse a sí misma, esa ristra de esfuerzos incoherentes produciría cualquier cosa en materia de organización social si el azar no se encontrase limitado en este ámbito por las condiciones de existencia a las que toda sociedad debe ajustarse si no quiere ser subyugada o aniquilada. La mayor parte del tiempo, los hombres ignoran esas condiciones de existencia a las que se someten; y es que dichas condiciones no actúan imponiendo a los esfuerzos de cada cual una dirección determinada, sino condenando a la ineficacia todos los esfuerzos que apuntan en direcciones prohibidas por ellas.

Tales condiciones de existencia las determinan en primer lugar, como ocurre con los seres vivos, por un lado el entorno natural y por otro la existencia, la actividad y en especial la competencia de los demás organismos de la misma especie, es decir, las demás agrupaciones sociales en este caso. Pero hay un tercer factor que interviene, a saber, el acondicionamiento del entorno natural, el utillaje, el armamento, los procedimientos de trabajo y combate; y este factor ocupa un lugar aparte debido a que, si bien incide en la forma de la organización social, también sufre su reacción. Por lo demás, este factor es el único en el que los miembros de una sociedad tal vez puedan tener alguna influencia. Este esquema es demasiado abstracto para poder servir de guía; pero si pudiéramos, a partir de esta somera exposición, llegar a análisis concretos, sería por fin posible plantear el problema social. La buena voluntad ilustrada de los hombres que actúan como individuos es el único principio posible del progreso social; si las necesidades sociales, una vez distinguidas con claridad, resultasen estar fuera del alcance de esa buena voluntad al igual que las que rigen los astros, no nos quedaría más que mirar pasar la historia como miramos pasar las estaciones, haciendo lo posible para evitarnos a nosotros mismos y a nuestros seres queridos la desdicha de ser, o bien instrumentos, o bien víctimas de la opresión social. Pero si no es así, primero habría que definir a modo de límite ideal las condiciones objetivas que darían lugar a una organización social desprovista por completo de opresión; luego, buscar de qué manera y en qué medida se pueden transformar las condiciones reales para acercarlas a ese ideal; encontrar cuál es la forma menos opresiva de organización social para un conjunto de condiciones objetivas determinadas; por último, definir en este ámbito el poder de acción y las responsabilidades de los individuos considerados como tales. Con esta única condición la acción política podría llegar a ser algo análogo a un trabajo y no, como hasta ahora, un juego o una rama de la magia.

Para llegar a ello, por desgracia, no hacen falta solamente reflexiones profundas, rigurosas, sometidas —con el objeto de evitar errores— al control más estricto; hacen falta también estudios históricos, técnicos y científicos, de una extensión y una precisión inauditas, y realizados desde un punto de vista totalmente nuevo. Sin embargo, los acontecimientos no esperan; el tiempo no se detendrá para que nos podamos tomar las cosas con calma; la actualidad se nos impone de manera urgente y nos amenaza con catástrofes que acarrearían, entre otras muchas desgracias desoladoras, la imposibilidad material de estudiar y escribir si no es al servicio de los opresores. ¿Qué hacer? De nada serviría dejarnos arrastrar hacia el combate por un entrenamiento irreflexivo. Nadie tiene la menor idea ni de los objetivos ni de los medios de eso que aún llamamos por costumbre la acción revolucionaria. En cuanto al reformismo, el principio del mal menor que constituye su base resulta, desde luego, eminentemente razonable, a pesar del descrédito en que ha caído por culpa de los que han hecho uso de él hasta ahora; lo que ocurre es que, si por el momento solo ha servido de pretexto para capitular, no se debe a la cobardía de algunos jefes, sino a una ignorancia, por desgracia, común a todos; porque mientras no se defina lo peor y lo mejor en función de un ideal concebido de forma clara y concreta, para luego determinar el margen exacto de las posibilidades, no sabremos cuál es el mal menor, y no nos quedará más remedio que aceptar bajo esa denominación todo lo que imponen realmente los que disponen de la fuerza, porque cualquier mal real siempre es menor que los males posibles que siempre puede suponer una acción no calculada. Hoy en día estamos ciegos, y en líneas generales solo podemos elegir entre la capitulación y la aventura. Sin embargo, no podemos dejar de determinar desde ahora la actitud que hay que adoptar respecto a la situación presente. Por eso, a la espera de conseguir, si es que tal cosa es posible, desmontar el mecanismo social, tal vez esté permitido intentar esbozar sus principios; pero debe quedar bien asentado que un esbozo así excluye cualquier tipo de afirmación categórica y no pretende más que someter algunas ideas, a modo de hipótesis, al examen crítico de las gentes de buena fe. Por lo demás, no estamos ni mucho menos sin guía en la materia. Si, a grandes rasgos, el sistema de Marx resulta de escasa ayuda, no sucede así con los análisis a los que lo llevó el estudio concreto del capitalismo, análisis en los que, mientras creía limitarse a caracterizar un régimen, sin duda captó más de una vez la naturaleza oculta de la opresión.

Entre todas las formas de organización social que nos presenta la historia, muy pocas se muestran realmente desprovistas de opresión; y encima son bastante mal conocidas. En todas es extremadamente bajo el nivel de la producción, tanto que apenas conocen la división del trabajo, salvo entre los sexos, y cada familia produce lo que necesita para consumir. Resulta bastante claro que semejante condición material excluye por fuerza la opresión, puesto que cada hombre, obligado a alimentarse por sí mismo, está en lucha constante con la naturaleza exterior; la guerra, a este nivel, es guerra de saqueo y exterminio, no de conquista, ya que faltan los medios de asegurar dicha conquista y sobre todo de sacar partido de ella. Lo sorprendente no es que la opresión solo aparezca a partir de las formas más elevadas de la economía, sino que las acompañe siempre. Así pues, entre una economía totalmente primitiva y las formas económicas más desarrolladas, no solo hay diferencia de nivel, sino también de naturaleza. Y efectivamente, si desde el punto de vista del consumo solo hay avance hacia algo más de bienestar, la producción, que es el factor decisivo, se transforma en su propia esencia. Dicha transformación consiste a primera vista en una liberación progresiva respecto de la naturaleza. En las formas totalmente primitivas de la producción, caza, pesca, cosecha, el esfuerzo humano se muestra como una simple reacción ante la inexorable presión que la naturaleza ejerce sin tregua sobre el hombre, y ello de dos maneras; primero se realiza, o casi, bajo el apremio inmediato, bajo el aguijón constante de las necesidades naturales; y como consecuencia indirecta, la acción parece recibir su forma de la propia naturaleza, debido al importante papel que en ella desempeñan una intuición análoga al instinto animal y una paciente observación de los fenómenos naturales más frecuentes, debido también a la repetición indefinida de los procedimientos que a menudo han funcionado sin que sepamos por qué, y que sin duda nos parecen objeto de una gracia especial por parte de la naturaleza. A este nivel, cada hombre es necesariamente libre respecto de los demás hombres, porque está en contacto inmediato con las condiciones de su propia existencia y nada humano se interpone entre estas y él; pero en cambio, y en idéntica medida, se encuentra estrechamente sometido a la dominación de la naturaleza, cosa que deja bien clara al divinizarla. En las etapas superiores de la producción, la naturaleza desde luego sigue imponiéndose, y siempre sin piedad, pero de una manera en apariencia menos inmediata; parece volverse cada vez más generosa y dejar un margen creciente a la libre elección del hombre, a su facultad de iniciativa y decisión. La acción ya no está sujeta todo el tiempo a las exigencias de la naturaleza; aprendemos a constituir reservas, a largo plazo, para necesidades aún no sentidas; los esfuerzos cuya utilidad solo puede ser indirecta son cada vez más numerosos; asimismo, una coordinación sistemática en el tiempo y el espacio se vuelve posible y necesaria, y su importancia crece sin cesar. En resumen, el hombre parece pasar por etapas, respecto a la naturaleza, de la esclavitud a la dominación. Al mismo tiempo la naturaleza pierde de manera gradual su carácter divino y la divinidad va revistiendo una forma cada vez más humana. Por desgracia, dicha emancipación no es más que halagüeña apariencia. En realidad, en esas etapas superiores, la acción humana sigue siendo, en su conjunto, pura obediencia al aguijón brutal de una necesidad inmediata; solo que, en lugar de ser hostigado por la naturaleza, el hombre pasa a ser hostigado por el hombre. Por lo demás, lo que sentimos sigue siendo la presión de la naturaleza, si bien indirectamente; porque la opresión se ejerce por la fuerza y, a fin de cuentas, toda fuerza tiene sus raíces en la naturaleza.

La noción de fuerza no es sencilla ni mucho menos, y sin embargo es la primera que hay que dilucidar para plantear los problemas sociales. La fuerza y la opresión son dos cosas distintas; pero lo que hay que comprender antes que nada es que no es la manera en que se hace uso de una fuerza cualquiera, sino su naturaleza misma, lo que determina si es o no opresiva. Es lo que Marx vislumbró con claridad en lo referente al Estado; comprendió que esa trituradora de hombres no podrá dejar de triturar mientras esté en funcionamiento, sean cuales sean las manos que la manejen. Pero esta visión tiene un alcance mucho más general. La opresión procede en exclusiva de condiciones objetivas. La primera de ellas es la existencia de privilegios; y no son las leyes ni los decretos de los hombres los que determinan los privilegios, ni tampoco los títulos de propiedad; es la naturaleza misma de las cosas. Algunas circunstancias, correspondientes a etapas sin duda inevitables del desarrollo humano, hacen surgir fuerzas que se interponen entre el hombre corriente y sus propias condiciones de existencia, entre el esfuerzo y el fruto del esfuerzo, y que son, por su esencia misma, monopolio de unos pocos, debido a que no pueden ser repartidas entre todos; a partir de entonces dichos privilegiados, aunque dependen, para vivir, del trabajo ajeno, disponen del destino de aquellos mismos de los que dependen, y la igualdad desaparece. Es lo que se produce en primer lugar cuando los ritos religiosos con los que el hombre cree granjearse los favores de la naturaleza, al hacerse demasiado numerosos y complicados para ser conocidos por todos, se convierten en algo secreto y, por ende, en el monopolio de algunos sacerdotes; el sacerdote dispone entonces, aunque sea únicamente en virtud de una ficción, de todas las potencias de la naturaleza, y en su nombre toma el mando. Nada esencial ha cambiado cuando dicho monopolio ya no está constituido por ritos sino por procedimientos científicos, y los que lo detentan se llaman, en vez de sacerdotes, científicos o técnicos. También las armas generan un privilegio desde el momento en que, por un lado, son tan potentes que hacen imposible cualquier defensa de hombres desarmados contra hombres armados, y por otro, su manejo se ha vuelto tan perfeccionado, y por ende, tan difícil que requiere un largo aprendizaje y una práctica continua. Porque entonces los trabajadores son incapaces de defenderse, mientras que los guerreros, que no pueden producir, siempre pueden apoderarse por las armas de los frutos del trabajo ajeno; así los trabajadores están a merced de los guerreros y no al revés. Lo mismo sucede con el oro, y en general con la moneda, en cuanto la división del trabajo se hace tan profunda que ningún trabajador puede vivir de sus productos sin haber cambiado al menos una parte con los demás; la organización de esos cambios se vuelve entonces, por fuerza, monopolio de unos pocos especialistas, y estos, al tener la moneda en sus manos, pueden al mismo tiempo procurarse, para vivir, los frutos del trabajo ajeno y privar a los productores de lo indispensable. O sea, siempre que en la lucha contra los hombres o contra la naturaleza los esfuerzos necesitan sumarse y coordinarse entre sí para ser eficaces, la coordinación se convierte en el monopolio de unos pocos dirigentes en cuanto alcanza un cierto nivel de complicación, y la primera ley de la ejecución es entonces la obediencia; así ocurre tanto en la administración de los asuntos públicos como en la de las empresas. Puede haber otras fuentes generadoras de privilegio, pero esas son las principales; por lo demás, excepto la moneda, que aparece en un determinado momento de la historia, todos esos factores intervienen en todos los regímenes opresivos; lo que cambia es la manera en que se reparten y combinan, así como el nivel de concentración del poder y el carácter más o menos cerrado y por ende más o menos misterioso de cada monopolio. Pero los privilegios no bastan por sí mismos para determinar la opresión. La desigualdad se podría mitigar fácilmente con la resistencia de los débiles y el espíritu de justicia de los fuertes; no daría lugar a una necesidad aún más brutal que las propias necesidades naturales si no interviniese otro factor, a saber, la lucha por el poder.

Tal y como entendió claramente Marx en el caso del capitalismo, tal y como vislumbraron algunos moralistas de manera más general, el poder encierra una especie de fatalidad que se abate tan implacable sobre los que mandan como sobre los que obedecen; más aun, en la medida en que subyuga a los primeros, se sirve de ellos para aplastar a los segundos. La lucha contra la naturaleza comporta necesidades ineluctables que nada puede doblegar, pero dichas necesidades encierran sus propios límites; la naturaleza resiste, pero no se defiende, y cuando solo se trata de ella, cada situación plantea obstáculos bien definidos que dan la medida del esfuerzo humano. La cosa cambia en cuanto las relaciones entre hombres sustituyen el contacto directo del hombre con la naturaleza. Conservar el poder es, para los poderosos, una necesidad vital, ya que su poder es su alimento; eso sí, deben conservarlo a la vez contra sus rivales y contra sus inferiores, los cuales no pueden no intentar librarse de amos peligrosos; porque, en un círculo sin salida, el amo es temible para el esclavo por el hecho mismo de que le teme, y al revés; y lo mismo sucede entre potencias rivales.

Más aun, las dos luchas que debe acometer cada hombre poderoso, una contra aquellos a los que gobierna y otra contra sus rivales, se mezclan de forma inextricable y se reavivan la una a la otra sin cesar. Un poder, sea cual sea, debe tender siempre a consolidarse en su interior por medio de éxitos obtenidos fuera, ya que dichos éxitos le proporcionan medios de coacción más poderosos; además, a la lucha contra sus rivales se suman sus propios esclavos, que albergan la ilusión de que el resultado del combate les atañe. Pero para obtener de los esclavos la obediencia y los sacrificios imprescindibles para un combate victorioso, el poder debe hacerse más opresivo; para estar en condiciones de ejercer dicha opresión, tiene la obligación más imperiosa aún de volverse hacia el exterior; y así sucesivamente. Podemos recorrer la misma cadena partiendo de otro eslabón: mostrar que una agrupación social, para estar en condiciones de defenderse de las potencias exteriores que quisieran anexionarla, debe someterse a una autoridad opresiva; que el poder así establecido, para mantenerse, debe promover los conflictos con los poderes rivales; y así sucesivamente, una vez más. Es así como el más funesto de los círculos viciosos arrastra a la sociedad entera tras sus amos en una ronda demencial.

Solo se puede romper el círculo de dos maneras: suprimiendo la desigualdad, o estableciendo un poder estable, un poder tal que haya equilibrio entre los que mandan y los que obedecen. Esta segunda solución es la que han buscado todos los llamados partidarios del orden, o al menos todos los que, dentro de estos, no han sido movidos ni por el servilismo ni por la ambición; tal es sin duda el caso de los escritores latinos que alabaron "la inmensa majestad de la paz romana", de Dante, de la escuela reaccionaria de principios del siglo XIX, de Balzac, y, hoy, de los hombres de derecha sinceros y reflexivos. Pero esta estabilidad del poder, objetivo de los que se dicen realistas, demuestra ser una quimera, si nos fijamos con atención, del mismo modo que la utopía anarquista.

Entre el hombre y la materia, cada acción, afortunada o no, establece un equilibrio que solo se puede romper desde fuera porque la materia es inerte. Una piedra desplazada acepta su nueva ubicación; el viento acepta llevar a su destino al mismo barco al que habría desviado de su ruta si vela y timón no hubiesen estado bien dispuestos. Pero los hombres son seres esencialmente activos y poseen una facultad para determinarse a la que nunca pueden renunciar, por mucho que lo deseen, excepto el día en que la muerte los devuelve al estado de materia inerte; de tal forma que toda victoria sobre los hombres encierra en sí misma el germen de una derrota posible, a menos que se llegue al exterminio. Pero el exterminio suprime el poder al suprimir su objeto. Así pues, hay, en la esencia misma del poder, una contradicción fundamental que siempre le impedirá existir realmente; los llamados amos, obligados sin cesar a reforzar su poder si no quieren que se lo arrebaten, están siempre persiguiendo una dominación esencialmente imposible de poseer, persecución de la que los suplicios infernales de la mitología griega ofrecen bellas estampas. Sería distinto si un hombre pudiera poseer en sí mismo una fuerza superior a la de muchos otros juntos, pero eso nunca ocurre; los instrumentos del poder, armas, oro, máquinas, secretos mágicos o técnicos, existen siempre fuera del que de ellos dispone, y otros pueden hacerse con ellos. Así pues, todo poder es inestable.

En líneas generales, las relaciones de dominación y sumisión entre seres humanos, al no ser nunca del todo aceptables, constituyen siempre un desequilibrio sin remedio y que se agrava por sí solo sin cesar; es así incluso en el ámbito de la vida privada, donde el amor, por ejemplo, destruye todo equilibrio del alma en cuanto busca someter a su objeto o ser sometido por él. Pero en tal caso, al menos no hay nada exterior que se oponga a que la razón restablezca el orden instaurando libertad e igualdad; mientras que las relaciones sociales, en la medida en que los procedimientos mismos del trabajo y el combate excluyen la igualdad, parecen imponer la locura a los hombres como una fatalidad exterior. Porque al no haber nunca poder, sino únicamente carrera por el poder, y al ser esta una carrera sin fin, sin límite, sin medida, tampoco hay límite ni medida para los esfuerzos que requiere; los que se entregan a ella, obligados a hacer siempre más que sus rivales, que a su vez se esfuerzan por hacer más que ellos, no solo deben sacrificar la existencia de los esclavos, sino la suya propia y la de sus seres más queridos; así es como Agamenón inmolando a su hija revive en los capitalistas, los cuales, para mantener sus privilegios, no tienen ningún problema en aceptar guerras capaces de arrebatarles a sus hijos.

Así, la carrera por el poder somete a todo el mundo, poderosos y débiles. Marx entendió esto en el caso del régimen capitalista. Rosa Luxemburgo se quejaba de la apariencia de "carrusel infinito" que presenta la tabla marxista de la acumulación capitalista, esa tabla en la que el consumo aparece como un "mal necesario" que hay que reducir al mínimo, un simple medio para mantener con vida a los que se dedican, ya sea como jefes, ya sea como obreros, al objetivo supremo, objetivo que no es otro que la fabricación del utillaje, es decir de los medios de la producción. Y sin embargo es el profundo absurdo de esa tabla lo que constituye su profunda verdad; verdad que desborda de forma singular el marco del régimen capitalista. La única característica propia de este régimen es que los instrumentos de la producción industrial son al mismo tiempo las armas principales en la carrera por el poder; pero los procedimientos de la carrera por el poder, sean cuales sean, siempre someten a los hombres con su vértigo y se imponen a ellos como fines absolutos. Es el reflejo de este vértigo lo que da una grandeza épica a textos como *La comedia humana* o las obras históricas de Shakespeare o los cantares de gesta o *La Ilíada*. El verdadero tema de *La Ilíada* es la influencia de la guerra sobre los guerreros y, a través de ellos, sobre todos los humanos; nadie sabe por qué todos se sacrifican, y sacrifican a los suyos, en una guerra devastadora y sin objeto, y por esa razón, a lo largo de todo el poema, se atribuye a los dioses el influjo misterioso que hace fracasar las negociaciones de paz, reaviva sin cesar las hostilidades, trae de vuelta a los combatientes que en un destello de cordura se sienten impulsados a abandonar la lucha.

Así, en este antiguo y maravilloso poema ya aparece el mal esencial de la humanidad, la sustitución de los fines por los medios. A veces la guerra aparece en primer plano, a veces lo hace la búsqueda de la riqueza, y a veces la producción; pero el mal sigue siendo el mismo. Los moralistas vulgares se quejan de que al hombre lo impulse su interés personal; ¡ojalá fuera así! El interés es un principio de acción egoísta, pero acotado, razonable, incapaz de engendrar males ilimitados. Por el contrario, la ley de todas las actividades que dominan la existencia social es, con la salvedad de las sociedades primitivas, que cada cual sacrifique la vida humana, en sí y en el prójimo, por cosas que solo constituyen medios para vivir mejor. Este sacrificio reviste formas diversas, pero todo se resume a la cuestión del poder. El poder, por definición, solo constituye un medio; o mejor dicho, poseer un poder consiste simplemente en poseer medios de acción que superan la restringida fuerza de la que un individuo dispone por sí mismo. Pero la búsqueda del poder, por el hecho mismo de que es esencialmente incapaz de conseguir su objeto, excluye toda consideración de fin y termina, en una inversión inevitable, supliendo todos los fines. Esta inversión de la relación entre el medio y el fin, esta locura fundamental, explica todo lo que hay de insensato y sangriento a lo largo de toda la historia. La historia humana no es más que la historia del sometimiento que hace de los hombres, sean opresores u oprimidos, un mero juguete de los instrumentos de dominación que ellos mismos han fabricado, y rebaja así a la humanidad viva a ser la cosa de cosas inertes.

En consecuencia son las cosas, y no los hombres, las que dan a esta vertiginosa carrera por el poder su límite y sus leyes. Los deseos de los hombres no pueden hacer nada al respecto. Los amos pueden soñar con la moderación, pero tienen prohibido practicar tal virtud, salvo en mínimas dosis, o serán derrotados; en consecuencia, fuera de algunas excepciones casi milagrosas, como Marco Aurelio, enseguida se vuelven incapaces hasta de concebirla. En cuanto a los oprimidos, su permanente rebelión, que está siempre cociéndose pero solo estalla por momentos, puede intervenir tanto para agravar el mal como para limitarlo; pero en líneas generales constituye sobre todo un factor agravante, por el hecho de que obliga a los amos a abrumar aún más con su poder por miedo a perderlo. De tanto en tanto, los oprimidos logran expulsar a un equipo de opresores y sustituirlo por otro, y a veces incluso cambiar la forma de la opresión; pero en cuanto a suprimir la opresión en sí, para ello habría que suprimir las fuentes que la generan, erradicar todos los monopolios, los secretos mágicos o técnicos que dan control sobre la naturaleza, los armamentos, la moneda, la coordinación de los trabajos. Aunque los oprimidos fueran lo bastante conscientes para determinarse a ello, no podrían triunfar. Sería condenarse a ser sometidos de inmediato por las agrupaciones sociales que no han operado la misma transformación; y aunque dicho peligro quedara descartado por algún milagro, sería condenarse a muerte ya que, una vez que se han olvidado los procedimientos de la producción primitiva y se ha transformado el entorno natural al que correspondían, no se puede retomar el contacto inmediato con la naturaleza. Así, pese a todas las veleidades de poner fin a la locura y la opresión, la concentración del poder y la agravación de su carácter tiránico no tendrían límites si no los hubiera por suerte en la naturaleza de las cosas. Es importante determinar de forma somera cuáles pueden ser esos límites; y para ello no hay que olvidar que, si bien la opresión es una necesidad de la vida social, dicha necesidad no tiene nada de providencial. Que se vuelva perjudicial para la producción no hace que la opresión pueda acabarse; la "rebelión de las fuerzas productoras", tan ingenuamente invocada por Trotski como un factor de la historia, es pura ficción. También sería un error suponer que la opresión deja de ser ineluctable en cuanto las fuerzas productivas se han desarrollado lo suficiente para poder garantizar bienestar y tiempo libre a todos. Aristóteles admitía que ya no habría ningún obstáculo para la supresión de la esclavitud si se pudieran encomendar los trabajos indispensables a "esclavos mecánicos"; y Marx, cuando trató de adelantarse al futuro de la especie humana, no hizo más que retomar y desarrollar aquella concepción, la cual sería acertada si los hombres estuvieran guiados por la consideración del bienestar; pero, desde la época de *La Ilíada* hasta nuestros días, las insensatas exigencias de la lucha por el poder no dejan tiempo ni para pensar en el bienestar. La elevación del rendimiento del esfuerzo humano seguirá siendo incapaz de aliviar el peso de dicho esfuerzo mientras la estructura social implique la inversión de la relación entre el medio y el fin, o dicho de otro modo, mientras los procedimientos del trabajo y el combate den a algunos un poder ilimitado sobre las masas; porque las fatigas y las privaciones ya inútiles en la lucha contra la naturaleza las absorberá la guerra entre los hombres por la defensa o la conquista de los privilegios. A partir del momento en que la sociedad se divide en hombres que ordenan y hombres que ejecutan, toda la vida social se ve dominada por la lucha por el poder, y la lucha por la subsistencia apenas interviene como un factor, a decir verdad indispensable, de la primera. La visión marxista según la cual la existencia social está determinada por las relaciones entre el hombre y la naturaleza establecidas por la producción sigue siendo la única base sólida para cualquier estudio histórico; solo que dichas relaciones deben considerarse primero en función del problema del poder, ya que los medios de subsistencia constituyen un simple dato de dicho problema. Este orden parece absurdo, pero se limita a reflejar el absurdo esencial que radica en el corazón mismo de la vida social. Un estudio científico de la historia sería, pues, un estudio de las acciones y reacciones que se producen todo el tiempo entre la organización del poder y los procedimientos de la producción; porque el poder, si bien depende de las condiciones materiales de la vida, nunca deja de transformarlas. Hoy día, un estudio así supera con creces nuestras posibilidades; pero antes de abordar la infinita complejidad de los hechos, conviene elaborar un esquema abstracto de ese juego de acciones y reacciones, igual que los astrónomos debieron inventar una esfera celeste imaginaria para orientarse en los movimientos y posiciones de los astros.

Para empezar hay que tratar de establecer una lista de las necesidades ineluctables que acotan cualquier tipo de poder. En primer lugar, todo poder se apoya en instrumentos que tienen en cada situación un alcance determinado. Así no se manda de la misma forma con soldados armados de flechas, lanzas y espadas que con aviones y bombas incendiarias; el poder del oro depende del papel que desempeña el comercio en la vida económica; el de los secretos técnicos se mide por la diferencia entre lo que se puede realizar con ellos y lo que se puede realizar sin ellos; y así sucesivamente. A decir verdad, siempre hay que contemplar en este balance las artimañas gracias a las cuales los poderosos obtienen con persuasión lo que no están en condiciones de obtener por coacción, ya sea poniendo a los oprimidos en una situación tal que tengan o crean tener un interés inmediato en hacer lo que se les pide, ya sea inspirándoles un fanatismo capaz de hacerles aceptar todos los sacrificios. En segundo lugar, como el poder que realmente ejerce un ser humano solo se extiende a lo que efectivamente se encuentra sometido a su control, el poder choca siempre con los límites mismos de la facultad de control, los cuales son muy estrechos. Porque ninguna mente puede abarcar un cúmulo de ideas a la vez; ningún hombre puede encontrarse a la vez en varios lugares; y tanto para el amo como para el esclavo el día solo tiene veinticuatro horas. La colaboración constituye en apariencia un remedio para este inconveniente; pero como nunca está totalmente desprovista de rivalidad, las complicaciones que se derivan son infinitas. Las facultades de examinar, comparar, pesar, decidir, combinar son en esencia individuales y, por ende, lo mismo ocurre con el poder, cuyo ejercicio es inseparable de dichas facultades; en el fondo, el poder colectivo es una ficción. En cuanto a la cantidad de asuntos que pueden ser controlados por un solo hombre, depende en gran medida de factores individuales como la extensión y la rapidez de la inteligencia, la capacidad de trabajo, la firmeza del carácter; pero también depende de las condiciones objetivas del control, mayor o menor rapidez de transportes y noticias, simplicidad o complicación de los engranajes del poder. Por último, el ejercicio de cualquier poder tiene como condición un excedente en la producción de las subsistencias, y un excedente lo bastante considerable para que todos los que se dedican, en calidad de amos o de esclavos, a la lucha por el poder, puedan vivir. Está claro que la medida de este excedente depende del modo de producción y, por ende, también de la organización social. Así pues, aquí tenemos tres factores que permiten suponer que el poder político y social constituye a cada instante algo análogo a una fuerza mensurable. Sin embargo, para completar el cuadro, hay que tener en cuenta el hecho de que los hombres que se encuentran en relación, como amos o como esclavos, con el fenómeno del poder son inconscientes de tal analogía. Los poderosos, sean sacerdotes, jefes militares, reyes o capitalistas, siempre creen que gobiernan en virtud de un derecho divino; y los que están sometidos a ellos se sienten aplastados por un poder que les parece divino o diabólico, pero en cualquier caso sobrenatural. Toda sociedad opresiva está cimentada en esta religión del poder que desvirtúa todas las relaciones sociales permitiendo que los poderosos ordenen más allá de lo que pueden imponer; las cosas solo cambian en los momentos de efervescencia popular, momentos en los que la situación se invierte y todos, esclavos sublevados y amos amenazados, olvidan cuán pesadas y sólidas son las cadenas de la opresión.

Así, un estudio científico de la historia debería empezar por analizar las reacciones ejercidas a cada instante por el poder sobre las condiciones que le asignan objetivamente sus límites; y un hipotético esbozo del juego de esas reacciones es imprescindible para guiar semejante análisis, cuya dificultad es de hecho enorme habida cuenta de nuestras posibilidades actuales. Algunas de esas reacciones son conscientes y voluntarias. Todo poder se esfuerza de manera consciente, en la medida de sus medios, medida determinada por la organización social, en mejorar en su propio territorio la producción y el control; son numerosos los ejemplos que la historia ofrece, desde los faraones hasta nuestros días, y en ello se basa la noción de despotismo ilustrado. En cambio, todo poder se esfuerza también, y también de manera consciente, en destruir los medios de sus rivales para producir y administrar, y es objeto de una tentativa análoga por parte de ellos. Así la lucha por el poder es a la vez constructora y destructora, y provocará progreso o decadencia económica dependiendo de si prevalece la construcción o la destrucción; y está claro que en una civilización determinada la destrucción será mayor cuanto más difícil le resulte a un poder extenderse sin chocar con poderes rivales de fuerza más o menos idéntica. Pero las consecuencias indirectas del ejercicio del poder tienen mucha más importancia que los esfuerzos conscientes de los poderosos. Todo poder, por el hecho mismo de que se ejerce, extiende todo lo posible las relaciones sociales en las que se basa; así el poder militar multiplica las guerras y el capital comercial multiplica el comercio. Ahora bien, a veces ocurre, por una especie de azar providencial, que dicha extensión genera, mediante un mecanismo cualquiera, recursos nuevos que hacen posible una nueva extensión, y así sucesivamente, igual que los alimentos fortalecen los cuerpos vivos en pleno crecimiento y les permiten así conquistar más alimentos aún para cobrar mayor fuerza. Todos los regímenes ofrecen ejemplos de estos azares providenciales; porque sin azares así, ninguna forma de poder podría durar, de manera que los poderes que gozan de ellos son los únicos que subsisten. Así, la guerra permitía a los romanos capturar esclavos, es decir trabajadores en la flor de la edad que en su infancia habían sido alimentados por otros; el beneficio extraído del trabajo de los esclavos permitía reforzar el ejército, y el ejército fortalecido emprendía guerras más vastas que le suponían un botín de esclavos nuevo y más considerable. De igual modo, las calzadas que los romanos construían con fines militares facilitaban luego la administración y explotación de las provincias y, por tanto, contribuían a mantener los recursos para las nuevas guerras. Si pasamos a los tiempos modernos, vemos por ejemplo que la extensión del comercio ha provocado una mayor división del trabajo que, a su vez, ha convertido en indispensable una mayor circulación de las mercancías; además, el aumento resultante de la productividad ha generado recursos nuevos que han podido transformarse en capital comercial e industrial. En lo que se refiere a la gran industria, está claro que cada progreso importante del maquinismo ha creado al mismo tiempo recursos, instrumentos y un estímulo para un nuevo progreso. Del mismo modo, es la técnica de la gran industria la que ha terminado suministrando los medios de control y de información indispensables para la economía centralizada en la que la gran industria desemboca inexorablemente, como son el telégrafo, el teléfono o la prensa diaria. Podemos decir lo mismo de los medios de transporte. Podríamos encontrar a lo largo de toda la historia una inmensa cantidad de ejemplos análogos, relativos a los más grandes y a los más pequeños aspectos de la vida social. Podemos definir el crecimiento de un régimen por el hecho de que le basta funcionar para suscitar nuevos recursos que le permiten funcionar a mayor escala.

Este fenómeno de desarrollo automático es tan llamativo que hasta dan ganas de imaginar la posibilidad de que un régimen felizmente constituido, si se nos permite la expresión, subsistiera y progresara sin fin. Eso es exactamente lo que el siglo XIX, socialistas incluidos, se figuró respecto al régimen de la gran industria. Pero si bien resulta fácil imaginar en abstracto un régimen opresivo que nunca conociera la decadencia, la cosa cambia si queremos concebir de forma clara y concreta la extensión indefinida de un poder determinado. Si pudiera extender sin fin sus medios de control, se acercaría indefinidamente a un límite que sería como el equivalente de la ubicuidad; si pudiera extender sin fin sus recursos, todo se desarrollaría como si la naturaleza circundante evolucionara de forma gradual hacia esa generosidad sin reservas de la que Adán y Eva disfrutaban en el paraíso terrenal; y por último, si pudiera extender indefinidamente el alcance de sus propios instrumentos —ya sean armas, oro, secretos técnicos, máquinas u otra cosa— tendería a suprimir la correlación que, al asociar de forma indisoluble la noción de amo a la de esclavo, establece entre amo y esclavo una relación de mutua dependencia. No se puede probar que todo esto sea imposible, pero hay que admitir que es imposible, o bien resolverse a pensar la historia humana como un cuento de hadas. En líneas generales, solo podemos considerar que el mundo en que vivimos está sometido a leyes si admitimos que todos sus fenómenos tienen límites; y así sucede también con el fenómeno del poder, como comprendió Platón. Si queremos considerar el poder como un fenómeno concebible, hay que pensar que puede extender las bases en las que descansa solo hasta cierto punto, tras lo cual choca como con un muro infranqueable. Pero eso sí, no le está permitido detenerse; el aguijón de la rivalidad lo obliga a ir siempre más lejos, es decir, a superar los límites en cuyo interior puede ejercerse realmente. Se extiende mucho más de lo que puede controlar; manda mucho más de lo que puede imponer; gasta muchos más recursos de los que tiene. Tal es la contradicción interna que todo régimen opresivo lleva dentro como un germen de muerte; está constituida por la oposición entre el carácter necesariamente limitado de las bases materiales del poder y el carácter necesariamente ilimitado de la carrera por el poder como vínculo entre los hombres.

Porque en cuanto un poder supera los límites que le vienen impuestos por la naturaleza de las cosas, comprime las bases en las que se apoya, estrecha cada vez más esos mismos límites. Al extenderse más allá de lo que puede controlar, engendra un parasitismo, un derroche y un desorden que, una vez surgidos, crecen de forma automática. Al intentar mandar incluso donde no está en condiciones de hacerlo, provoca reacciones que no puede ni prever ni regular. Por último, al querer extender la explotación de los oprimidos más allá de lo que permiten los recursos objetivos, agota dichos recursos; sin duda es eso lo que significa el antiguo y popular cuento de la gallina de los huevos de oro. Sean cuales sean las fuentes de las que los explotadores extraen los bienes que usurpan, llega un momento en que ese procedimiento de explotación que primero resultaba, conforme se iba extendiendo, cada vez más productivo, se vuelve cada vez más costoso. Así fue como el ejército romano, que primero enriqueció Roma, terminó por arruinarla; así fue como los caballeros de la Edad Media, cuyos combates dieron primero una relativa seguridad a los campesinos, que se sentían algo protegidos de los bandidos, terminaron con sus continuas guerras por devastar los campos que los alimentaban; y el capitalismo parece atravesar una fase de este tipo. Una vez más, no podemos probar que tenga que ser siempre así, pero hay que admitirlo, a menos que demos por sentada la posibilidad de recursos inagotables. Así pues, es la naturaleza misma de las cosas la que constituye esa divinidad justiciera que los griegos adoraban con el nombre de Némesis y que castiga la desmesura.

Cuando una determinada forma de dominación se encuentra así detenida en su avance y condenada a la decadencia, ni mucho menos empieza a desaparecer poco a poco; a veces, por el contrario, endurece más que nunca su opresión, aplasta a los seres humanos bajo su peso, tritura sin piedad cuerpos, corazones y mentes. Pero claro, como todos se van quedando poco a poco sin los recursos que unos necesitan para vencer y otros para vivir, llega un momento en que, por todas partes, se buscan febrilmente soluciones para salir del paso. No hay ninguna razón para que semejante búsqueda no resulte inútil; y en ese caso el régimen se desmorona sin remedio por falta de recursos para subsistir y cede su lugar, no a otro régimen mejor organizado, sino a un desorden, una miseria y una vida primitiva que duran hasta que una causa cualquiera origina nuevas relaciones de fuerza. Pero si la búsqueda de nuevos recursos es fructífera, entonces surgen nuevas formas de vida social y un cambio de régimen se prepara despacio y como soterradamente. Soterradamente, porque esas formas nuevas solo pueden desarrollarse en la medida en que son compatibles con el orden establecido y no representan, al menos en apariencia, ningún peligro para los poderes constituidos; en caso contrario, nada podrá impedir que dichos poderes las aniquilen mientras sigan siendo ellos los más fuertes. Para que las nuevas formas sociales prevalezcan sobre las antiguas, es necesario que ese desarrollo continuo las haya llevado con anterioridad a desempeñar un papel más importante en el funcionamiento del organismo social, o dicho de otro modo, que hayan suscitado fuerzas superiores a las fuerzas de las que disponen los poderes oficiales. Así pues, nunca hay auténtica ruptura de continuidad, ni siquiera cuando la transformación del régimen parece el efecto de una lucha cruenta; porque entonces la victoria se limita a consagrar unas fuerzas que, ya antes de la lucha, constituían el factor decisivo de la vida colectiva, unas formas sociales que habían empezado mucho tiempo atrás a sustituir paulatinamente a aquellas en las que descansaba el régimen en decadencia. Así fue como en el Imperio Romano, mucho antes de las grandes invasiones, los bárbaros ya ocupaban los puestos más importantes, el ejército se desmembraba poco a poco en bandas dirigidas por aventureros y la institución del colonato sustituía paulatinamente la esclavitud por la servidumbre. De igual modo la burguesía francesa no esperó, ni mucho menos, a 1789 para derrotar a la nobleza. Es cierto que la Revolución Rusa, por un singular concurso de circunstancias, pareció originar algo completamente nuevo; pero la verdad es que los privilegios que suprimió carecían desde hacía mucho tiempo de toda base social fuera de la tradición; que las instituciones surgidas en el transcurso de la insurrección no se pusieron a funcionar en una mañana; y que las fuerzas reales, o sea la gran industria, la Policía, el Ejército y la burocracia, lejos de ser derribadas por la revolución, alcanzaron gracias a ella un poder desconocido en los demás países. En líneas generales, esta inversión repentina de la relación de las fuerzas que es lo que se suele entender por "revolución" no es solo un fenómeno desconocido en la historia sino también, si nos fijamos con atención, algo literalmente inconcebible, pues sería una victoria de la debilidad sobre la fuerza, el equivalente de una balanza que se inclinara del lado de la bandeja menos pesada. Lo que la historia nos presenta son lentas transformaciones de regímenes en las que los cruentos sucesos que bautizamos con el nombre de revoluciones desempeñan un papel muy secundario, y de hecho ni siquiera tienen por qué producirse; así ocurre cuando la clase social que dominaba en nombre de las antiguas relaciones de fuerza logra conservar una parte del poder aprovechando las nuevas relaciones, y encontramos un ejemplo de esto en la historia de Inglaterra. Pero sean cuales sean las formas que adopten las transformaciones sociales, solo distinguimos, al tratar de dilucidar su mecanismo, un triste juego de fuerzas ciegas que se unen o entrechocan, que progresan o declinan, que se sustituyen unas a otras, sin dejar nunca de triturar bajo su peso a los desdichados humanos. Este siniestro engranaje no presenta a primera vista ninguna falla a través de la cual pudiera filtrarse un intento de liberación. Pero de un esquema tan impreciso, tan abstracto, tan miserablemente sumario no podemos pretender extraer una conclusión.

Hay que plantear una vez más el problema fundamental, a saber, en qué consiste el vínculo que parece unir hasta ahora la opresión social y el progreso en las relaciones del hombre con la naturaleza. Si consideramos *grosso modo* el conjunto del desarrollo humano hasta nuestros días, y sobre todo si oponemos las tribus primitivas, organizadas casi sin desigualdad, a nuestra civilización actual, parece que el hombre es incapaz de aliviar el yugo de las necesidades naturales sin sobrecargar el de la opresión social, como por un misterioso equilibrio. E incluso, cosa aun más singular, si la colectividad humana se ha liberado en gran medida del peso con el que las desmesuradas fuerzas de la naturaleza abruman a la débil humanidad, pareciera que a cambio se ha encargado en cierto modo de la sucesión de la naturaleza hasta el punto de aplastar al individuo de forma análoga.

¿En qué es esclavo el hombre primitivo? En que apenas dispone de su propia actividad; es el juguete de la necesidad, que le dicta todos sus gestos, o casi todos, y lo hostiga con su despiadado aguijón; y sus acciones no se ajustan a su propio pensamiento, sino a las costumbres y caprichos igualmente incomprensibles de una naturaleza a la que no puede sino adorar con ciega sumisión. Si solo consideramos la colectividad, los hombres parecen haberse elevado en nuestros días hasta una condición que se encuentra en las antípodas de tan servil estado. Casi ninguno de sus trabajos constituye una simple respuesta al imperioso impulso de la necesidad; el trabajo se realiza con el fin de tomar posesión de la naturaleza y acondicionarla de tal forma que las necesidades se encuentren satisfechas. La humanidad ya no se cree en presencia de caprichosas divinidades cuyos favores haya que granjearse; sabe que no tiene más que manipular materia inerte y lleva a cabo dicha tarea ajustándose de forma metódica a leyes claramente concebidas. Finalmente, parece que hemos alcanzado esa época predicha por Descartes en la que los hombres emplearían "la fuerza y las acciones del fuego, el agua, el aire, los astros y todos los demás cuerpos" de la misma manera que los oficios de los artesanos, y se convertirán así en amos de la naturaleza. Pero, por una extraña inversión, dicha dominación colectiva se transforma en sometimiento en cuanto descendemos a la escala del individuo, y en un sometimiento bastante similar al que comporta la vida primitiva. Los esfuerzos del trabajador moderno le son impuestos por un mandato que es tan brutal y despiadado y lo aprieta tan fuerte como aprieta el hambre al cazador primitivo; desde ese cazador primitivo hasta el obrero de nuestras grandes fábricas, pasando por los trabajadores egipcios manejados a latigazos, los esclavos antiguos, los siervos de la Edad Media amenazados sin descanso por la espada de los señores, los hombres nunca han dejado de ser obligados a trabajar por una fuerza exterior y so pena de una muerte casi inmediata. Y en cuanto a la sucesión de los movimientos del trabajo, también suele venir impuesta desde fuera tanto a nuestros obreros como a los hombres primitivos, y les resulta tan misteriosa a los primeros como a los segundos; más aún, en este ámbito, el mandato es en algunos casos incomparablemente más brutal hoy de lo que fue jamás; por mucho que, un hombre primitivo viviera en la rutina y a tientas, al menos podía tratar de reflexionar, combinar e innovar por su cuenta y riesgo, libertad de la que un trabajador en cadena está privado por completo. En resumen, si la humanidad parece haber logrado disponer de esas fuerzas de la naturaleza que sin embargo, según las palabras de Spinoza, "están infinitamente por encima de las del hombre", y ello casi con la misma soberanía con la que un jinete dispone de su caballo, dicha victoria no pertenece a los hombres tomados uno a uno; solo las más vastas colectividades están en condiciones de manipular "la fuerza y las acciones del fuego, el agua, el aire [...] y todos los demás cuerpos que nos rodean"; en cuanto a los miembros de dichas colectividades, opresores y oprimidos están sometidos por igual a las implacables exigencias de la lucha por el poder.

Así, pese al progreso, el hombre no ha superado la servil condición en la que se hallaba cuando, débil y desnudo, lo abandonaron a merced de las fuerzas ciegas que componen el universo; solo que el poder que lo tiene extenuado ha sido como transferido de la materia inerte a la sociedad que él mismo forma con sus semejantes. Asimismo, esta sociedad es la que se nos impone para ser adorada a través de todas las formas que adopta el sentimiento religioso. Entonces la cuestión social cobra una forma bastante clara; hay que examinar el mecanismo de dicha transferencia; buscar por qué el hombre ha tenido que pagar tan caro su poder sobre la naturaleza; concebir en qué puede consistir para él la situación menos desdichada, es decir, aquella en la que estaría menos sometido a la doble dominación de la naturaleza y la sociedad; por último, hay que distinguir qué caminos lo pueden acercar hasta una situación así y qué instrumentos podría proporcionar la civilización actual a los hombres de hoy si aspirasen a transformar su vida en este sentido.

Aceptamos con demasiada facilidad el progreso material como un don del cielo, lo damos por descontado; pero no debemos perder de vista el precio que hay que pagar por él. La vida primitiva es algo que se comprende sin esfuerzo: al hombre le pica el hambre, o por lo menos el pensamiento ya de por sí lacerante de que pronto lo atenazará el hambre, y parte en busca de alimento; tirita por el frío, o cuando menos por el pensamiento de que pronto tendrá frío, y busca cosas capaces de crear o conservar el calor y así sucesivamente. En cuanto a la manera de proceder, le viene dada para empezar por la costumbre, adoptada desde la infancia, de imitar a los antiguos, y después por los hábitos que se ha creado él mismo, a base de andar a tientas, repitiendo los procedimientos que han funcionado; cuando algo lo agarra por sorpresa, vuelve a andar a tientas, obligado a actuar por un aguijón que no le da tregua. En todo esto, el hombre no tiene más que ceder a su propia naturaleza, sin necesidad de vencerla.

Por el contrario, en cuanto pasamos a una fase más avanzada de la civilización, todo se vuelve milagroso.

Vemos entonces a los hombres dejar de lado cosas aptas para el consumo, deseables, y de las que sin embargo se privan. Los vemos abandonar en gran medida la búsqueda de alimento, calor y todo lo demás, y dedicar lo mejor de sus fuerzas a trabajos en apariencia estériles. En realidad dichos trabajos, en su mayoría, lejos de ser estériles, son infinitamente más productivos que los esfuerzos del hombre primitivo, pues su objetivo es el acondicionamiento de la naturaleza exterior en un sentido favorable para la vida humana; pero dicha eficacia es indirecta y suele ir separada del esfuerzo por tantos intermediarios que a la mente le cuesta recorrerlos; es una eficacia a largo plazo, a menudo tan a largo plazo que solo la disfrutarán las generaciones futuras; por el contrario, la fatiga extenuante, los dolores, los peligros asociados a dichos trabajos se hacen sentir de forma inmediata y sin descanso. Pero todos sabemos por propia experiencia lo difícil que es que la idea abstracta de una utilidad lejana prevalezca sobre los dolores, las necesidades, los deseos presentes. Y sin embargo es necesario que prevalezca en la existencia social o regresaríamos a la vida primitiva.

Pero resulta aun más milagrosa la coordinación de los trabajos. Todo nivel un poco elevado de la producción supone una cooperación más o menos amplia; y la cooperación se define por el hecho de que los esfuerzos de cada cual solo tienen sentido y eficacia por su relación y exacta correspondencia con los esfuerzos de todos los demás, de manera que todos los esfuerzos formen un único trabajo colectivo. Dicho de otro modo, los movimientos de varios hombres deben combinarse como se combinan los movimientos de un solo hombre. ¿Pero cómo es eso posible? Una combinación solo tiene lugar si es pensada;

ahora bien, una relación solo se puede formar en el interior de una mente. El número *dos* pensado por un hombre no puede sumarse al número *dos* pensado por otro hombre para formar el número *cuatro*; del mismo modo, la concepción que uno de los cooperadores se hace del trabajo parcial que realiza no puede combinarse con la concepción que cada uno de los demás se hace de su tarea respectiva para formar un trabajo coherente. Varias mentes humanas no se unen en una mente colectiva, y las expresiones "alma colectiva" y "pensamiento colectivo", tan empleadas en nuestros días, carecen del más mínimo sentido. Entonces, para que los esfuerzos de varios se combinen, deben estar todos dirigidos por una única y misma mente, como lo expresa el famoso verso de *Fausto*: "Una mente es suficiente para mil brazos".

En la organización igualitaria de las tribus primitivas, nada permite resolver ninguno de estos problemas, ni el de la privación, ni el del estímulo del esfuerzo, ni el de la coordinación de los trabajos; en cambio, la opresión social facilita una solución inmediata al crear, por decirlo de forma esquemática, dos categorías de hombres: los que mandan y los que obedecen. El jefe coordina sin dificultad los esfuerzos de los hombres supeditados a sus órdenes; no tiene que vencer ninguna tentación para reducirlos a lo mínimo y necesario; y en cuanto al estímulo del esfuerzo, una organización opresiva es admirablemente capaz de hacer que los hombres galopen más allá de los límites de sus fuerzas, los unos espoleados por la ambición y los otros, en palabras de Homero, "presionados por una dura necesidad".

Los resultados suelen ser prodigiosos cuando la división de las categorías sociales es lo bastante profunda para que los que deciden los trabajos jamás tengan que sentir, ni tan siquiera conocer, sus agotadores esfuerzos, sus dolores o sus peligros, mientras que los que ejecutan y sufren no tienen elección y viven en perpetua exposición a una amenaza de muerte más o menos disfrazada. Así es como el hombre solo escapa en cierta medida de los caprichos de una naturaleza ciega entregándose a los caprichos no menos ciegos de la lucha por el poder. Esto nunca es más cierto que cuando el hombre alcanza, como es nuestro caso, una técnica lo bastante avanzada para dominar las fuerzas de la naturaleza; porque, para que pueda ser así, la cooperación debe llevarse a cabo a una escala tan amplia que los dirigentes terminan teniendo entre manos una cantidad de asuntos extraordinariamente superior a su capacidad de control. De este modo, la humanidad termina siendo el juguete de las fuerzas de la naturaleza, con el nuevo aspecto que les ha dado a estas el progreso técnico, como nunca lo fue en tiempos primitivos; así lo hemos padecido, así lo padecemos y así lo padeceremos. En cuanto a los intentos por conservar la técnica suprimiendo la opresión, enseguida suscitan tal pereza y desorden que los que dan el paso suelen verse obligados casi de inmediato a poner de nuevo la cabeza bajo el yugo; lo hemos comprobado a pequeña escala en las cooperativas de producción y a gran escala en la Revolución Rusa. Pareciera que el hombre nace esclavo y que la servidumbre es su condición.

III

Visión teórica de una sociedad libre

Y SIN EMBARGO NADA EN el mundo puede impedir que el hombre se sienta nacido para la libertad. Jamás, pase lo que pase, podrá aceptar la servidumbre; porque piensa. Nunca dejó de soñar una libertad sin límites, ya como una dicha pasada de la que algún castigo lo habría privado, ya como una dicha futura de la que sería acreedor debido a una especie de pacto con una providencia misteriosa. El comunismo imaginado por Marx es la forma más reciente de este sueño. Este sueño siempre ha sido inútil, como todos los sueños, y si ha podido resultar consolador, solo lo ha hecho como un opio; es hora de renunciar a soñar la libertad y de decidirse a concebirla.

Es la libertad perfecta lo que debemos esforzarnos en imaginar claramente, no con la esperanza de alcanzarla, pero sí con la esperanza de alcanzar una libertad menos imperfecta que nuestra condición actual; porque lo mejor solo es concebible a través de lo perfecto. Solo podemos dirigirnos hacia un ideal. El ideal es tan irrealizable como el sueño, pero, a diferencia del sueño, tiene relación con la realidad; permite, a modo de límite, ordenar situaciones reales o realizables de menor a mayor valor. No puede concebirse la libertad perfecta como algo que solo consista en la desaparición de esa necesidad cuya presión soportamos sin descanso; mientras el hombre viva, es decir, mientras constituya un ínfimo fragmento de este universo cruel, la presión de la necesidad no se relajará jamás ni por un instante. Un estado de cosas en el que el hombre tuviera tantos placeres y tan pocas fatigas como se le antojase no puede tener cabida, excepto como ficción, en el mundo en que vivimos. La naturaleza es, desde luego, más clemente o severa con las necesidades humanas según los climas y tal vez según las épocas; pero esperar la milagrosa invención que la vuelva clemente en todas partes y para siempre es casi tan razonable como las esperanzas puestas antaño en la fecha del año 1000. Por lo demás, si examinamos esta ficción de cerca, nos damos cuenta de que no nos perdemos nada. Basta con considerar la debilidad humana para comprender que una vida de la que prácticamente hubiera desaparecido la noción misma del trabajo sería abandonada a las pasiones y quizás a la locura; no hay dominio de uno mismo sin disciplina, y no hay más fuente de disciplina para el hombre que el esfuerzo requerido por los obstáculos exteriores. Un pueblo de ociosos se podría dedicar a crearse obstáculos, a ejercitarse en las ciencias, las artes, los juegos; pero los esfuerzos que proceden únicamente de la fantasía no constituyen para el hombre una manera de dominar sus propias fantasías. Son los obstáculos con los que tropezamos y que debemos vencer los que nos dan la ocasión de superarnos a nosotros mismos. Incluso las actividades en apariencia más libres: ciencia, arte, deporte, solo tienen valor en la medida en que imitan la exactitud, el rigor y el escrúpulo propios de los trabajos, e incluso los exageran. Sin el modelo que le proporcionan sin saberlo el labrador, el herrero y el marinero que trabajan como es debido, por emplear esta expresión de admirable ambigüedad, la humanidad se sumiría en la arbitrariedad pura. La única libertad que se puede atribuir a la Edad de oro es la libertad de la que gozarían los niños si los padres no les impusieran reglas; no es en realidad más que una sumisión sin condiciones al capricho. El cuerpo humano no puede en ningún caso dejar de depender del poderoso universo en el que está atrapado; si el hombre dejase de estar sometido a las cosas y a los demás hombres por las necesidades y los peligros, lo estaría aun más por las emociones que lo embargarían continuamente y de las que ninguna actividad regular lo protegería ya. Si debiéramos entender por libertad la mera ausencia de toda necesidad, estaríamos ante una palabra desprovista de toda significación concreta, pero entonces no representaría para nosotros eso cuya privación despoja a la vida de su valor.

Podemos entender por libertad otra cosa que no sea la posibilidad de obtener sin esfuerzo lo que nos gusta. Existe una concepción bien distinta de la libertad, una concepción heroica que es la de la sabiduría común. La auténtica libertad no se define por una relación entre el deseo y la satisfacción, sino por una relación entre el pensamiento y la acción; sería completamente libre el hombre cuyas acciones procedieran en su totalidad de un juicio previo acerca del fin que se propone y de la sucesión de los medios capaces de conducir a dicho fin. Poco importa que las acciones en sí mismas resulten fáciles o dolorosas, y poco importa incluso que se vean coronadas por el éxito; el dolor y el fracaso pueden afligir al hombre, pero no pueden humillarlo mientras él mismo disponga de su propia facultad para actuar. Y disponer de sus propias acciones no significa en modo alguno actuar con arbitrariedad; las acciones arbitrarias no proceden de ningún juicio y, hablando con propiedad, no pueden ser llamadas libres. Todo juicio se refiere a una situación objetiva y por ende a una serie de necesidades. El hombre vivo no puede en ningún caso dejar de sufrir el asedio de una necesidad absolutamente inflexible; pero como piensa, puede elegir entre ceder ciegamente al aguijón con el que ella lo espolea desde afuera o adaptarse a la representación interior que de ella se forja; y en esto consiste la oposición entre servidumbre y libertad. Los dos términos de esta oposición no son, por lo demás, más que los límites ideales entre los que se mueve la vida humana sin poder alcanzar jamás uno de los dos, pues de lo contrario dejaría de ser vida. Un hombre sería completamente esclavo si todos sus gestos se originaran fuera de su pensamiento, es decir, en las reacciones irreflexivas del cuerpo o en el pensamiento de otros; el hombre primitivo asaltado por el hambre, que solo reacciona ante los espasmos que retuercen sus entrañas, el esclavo romano siempre pendiente de las órdenes de un vigilante armado con un látigo, el obrero moderno que trabaja en cadena, todos se acercan a esta miserable condición. En cuanto a la libertad completa, podemos encontrar un modelo abstracto en un problema de aritmética o de geometría bien resuelto; porque en un problema, todos los elementos de la solución vienen dados y el hombre solo puede esperar ayuda de su propio juicio, único capaz de establecer entre dichos elementos la relación que por sí misma constituye la solución buscada.

Los esfuerzos y las victorias de la matemática no superan el marco de la hoja de papel, reino de los signos y los dibujos; en una vida enteramente libre, todas las dificultades reales se presentarían en forma de problemas y todas las victorias serían como soluciones puestas en práctica. Entonces todos los elementos del éxito vendrían dados, o sea que serían conocidos y manejables como los signos del matemático; para obtener el resultado deseado, bastaría con relacionar dichos elementos gracias a la metódica dirección que el pensamiento imprimiría, no ya a simples trazos de pluma, sino a movimientos efectivos que dejarían su marca en el mundo. Mejor dicho, la realización de cualquier labor consistiría en una combinación de esfuerzos tan consciente y metódica como puede serlo la combinación de cifras con la que se opera la solución de un problema cuando procede de la reflexión. Entonces el hombre tendría todo el tiempo las riendas de su propio destino; forjaría a cada momento las condiciones de su propia existencia con un acto del pensamiento. El mero deseo, desde luego, no lo llevaría a ninguna parte; no recibiría nada gratis; e incluso las posibilidades de esfuerzo eficaz serían para él estrechamente limitadas. Pero el hecho mismo de no poder obtener nada sin utilizar, para conquistarlo, todas las capacidades del pensamiento y el cuerpo permitiría que el hombre se liberara sin retorno del ciego control de las pasiones. Una visión clara de lo posible y lo imposible, de lo fácil y lo difícil, de los duros esfuerzos que separan el proyecto de su realización basta para borrar los deseos insaciables y los temores vanos; de ahí y solo de ahí proceden la templanza y el coraje, virtudes sin las cuales la vida no es más que un vergonzoso delirio. Por lo demás, cualquier tipo de virtud toma sus raíces en el choque entre el pensamiento humano y una materia sin indulgencia ni perfidia. No podemos concebir nada más grande para el hombre que un destino que lo enfrente directamente con la necesidad pura, sin que pueda esperar nada salvo de sí mismo, y de tal forma que su vida sea una perpetua creación de sí mismo por sí mismo. El hombre es un ser limitado al que no le es dado ser, como al dios de los teólogos, autor directo de su propia existencia; pero el hombre poseería el equivalente humano de ese poder divino si las condiciones materiales que le permiten existir fueran obra exclusiva de su pensamiento dirigiendo el esfuerzo de sus músculos. Esa sería la auténtica libertad.

Dicha libertad no es más que un ideal y no puede encontrarse en una situación real, al igual que la recta perfecta no puede ser trazada por el lápiz. Pero este ideal será útil de concebir si podemos distinguir al mismo tiempo lo que nos separa de él y qué circunstancias pueden alejarnos o acercarnos. El primer obstáculo que se presenta lo constituyen la complejidad y la extensión de este mundo nuestro, complejidad y extensión que superan infinitamente el alcance de nuestra mente. Las dificultades de la vida real no constituyen problemas a nuestra medida; son como problemas cuyos datos fueran innumerables, pues la materia es indefinida por partida doble, por la extensión y por la divisibilidad. Así resulta imposible para una mente humana tomar en consideración todos los factores de los que depende el éxito de la acción en apariencia más simple; cualquier situación da lugar a azares sin cuento, y las cosas escapan a nuestro pensamiento como fluidos que intentásemos retener entre los dedos. Entonces, pareciera que el pensamiento solo puede ejercitarse con vanas combinaciones de signos y que la acción debe reducirse a andar a tientas y a ciegas. Pero no es así. Desde luego, nunca podemos actuar sobre seguro; pero esto no importa tanto como podríamos creer. Podemos soportar sin problemas que las consecuencias de nuestras acciones dependan de azares incontrolables; lo que necesitamos a toda costa arrebatarle al azar son nuestras acciones en sí, con el fin de someterlas a la dirección del pensamiento. Basta para ello que el hombre pueda concebir una cadena de intermediarios que unan los movimientos de los que es capaz con los resultados que quiere obtener; y suele poder hacerlo, gracias a la estabilidad relativa que persiste, a través de los ciegos remolinos del universo, a escala del organismo humano, y que por sí sola permite que este organismo subsista. Desde luego, esta cadena de intermediarios solo constituye un esquema abstracto; cuando procedemos a la ejecución, a cada instante pueden producirse accidentes que desbaratan los planes mejor elaborados; pero si la inteligencia ha sabido confeccionar con claridad el plan abstracto de la acción que hay que ejecutar, eso significa que ha conseguido, no eliminar el azar, pero sí circunscribirlo, limitarlo y, por así decirlo, filtrarlo, clasificando con respecto a dicho plan la masa indefinida de los accidentes posibles en varias series bien determinadas. Así, la mente es incapaz de orientarse en los innumerables remolinos que forman en alta mar el viento y el agua, pero si colocamos en medio de tales remolinos un barco con las velas y el timón dispuestos de tal o cual manera, podremos establecer la lista de las acciones a las que pueden someterlo. Por lo tanto, todas las herramientas son, de manera más o menos perfecta, instrumentos para definir los azares. El hombre podría de esta forma eliminar el azar, si no a su alrededor, sí al menos en sí mismo, pero esto mismo es un ideal inaccesible. El mundo es demasiado rico en situaciones cuya complejidad nos supera para que el instinto, la rutina, el andar a tientas y la improvisación puedan dejar de intervenir en nuestros trabajos algún día; el hombre solo puede restringir cada vez más dicha intervención gracias a los progresos de la ciencia y la técnica. Lo que importa es que esa intervención esté subordinada y no impida que el método constituya el alma misma del trabajo. También debe resultar provisional, y la rutina y el andar a tientas siempre deben ser considerados no como principios de acción, sino como el último recurso que nos queda para subsanar las carencias del pensamiento metódico; en este sentido, las hipótesis científicas son de extraordinaria ayuda, pues nos permiten concebir que los fenómenos que conocemos a medias están regidos por leyes análogas a las que determinan los fenómenos que comprendemos con mayor claridad. E incluso cuando no sabemos nada, podemos suponer que se aplican leyes semejantes; con eso basta para eliminar, si no la ignorancia, sí al menos el sentimiento del misterio, y para que comprendamos que vivimos en un mundo en el que el hombre solo debe esperar milagros de sí mismo.

Sin embargo, hay una fuente de misterio que no podemos eliminar y que no es otra que nuestro propio cuerpo. Tal vez se pueda desentrañar de forma progresiva la extrema complejidad de los fenómenos vitales, al menos en cierta medida; pero una sombra impenetrable envolverá siempre el vínculo inmediato que une nuestros pensamientos a nuestros movimientos. En este ámbito no podemos concebir ninguna necesidad, por el hecho mismo de que no podemos determinar eslabones intermedios;

por lo demás, la noción de necesidad, tal como la forma el pensamiento humano, solo se puede aplicar de verdad a la materia. En los fenómenos en cuestión no podemos encontrar, no ya una necesidad claramente concebible, sino ni siquiera una regularidad aproximada. Algunas veces las reacciones del cuerpo vivo son de todo punto ajenas al pensamiento; algunas veces, pero pocas, se limitan a ejecutar sus órdenes; con más frecuencia realizan lo que ha deseado el alma sin que esta participe en modo alguno; con frecuencia también acompañan las aspiraciones del alma sin ajustarse a ellas en absoluto; otras veces preceden a los pensamientos. Ninguna clasificación es posible. Por ese motivo, cuando los movimientos del cuerpo vivo desempeñan el papel principal en la lucha contra la naturaleza, es difícil que la noción misma de necesidad tome forma; en caso de éxito, la naturaleza parece obedecer o complacer de inmediato a los deseos y, en caso de fracaso, contrariarlos. Es lo que ocurre con las acciones realizadas, o bien sin instrumentos, o bien con instrumentos tan bien adaptados a los miembros vivos que casi no hacen más que prolongar sus movimientos naturales. Podemos comprender así que los hombres primitivos, pese a la extrema habilidad con que realizan todo lo que necesitan para subsistir, se imaginen la relación entre el hombre y el mundo con el aspecto no del trabajo, sino de la magia. Entre ellos y la red de necesidades que constituye la naturaleza y define las condiciones reales de la existencia se interponen entonces como una pantalla todo tipo de caprichos misteriosos a merced de los cuales creen encontrarse; y por poco opresiva que pueda ser la sociedad que formen, no dejan de ser esclavos en lo que se refiere a esos caprichos imaginarios, que además suelen ser interpretados por sacerdotes y brujos de carne y hueso. Estas creencias sobreviven en forma de supersticiones y, al contrario de lo que nos gusta pensar, no hay hombre que se libre por completo de ellas; pero su poder se debilita a medida que, en la lucha con la naturaleza, el cuerpo vivo pasa a un segundo plano y los instrumentos inertes al primero. Así sucede cuando los instrumentos dejan de amoldarse a la estructura del organismo humano y este se ve obligado a adaptar sus movimientos a la forma de aquellos. A partir de ahí ya no queda ninguna correspondencia entre los gestos que hay que ejecutar y las pasiones; el pensamiento debe desentenderse del deseo y el temor y aplicarse únicamente a establecer una relación exacta entre los movimientos transmitidos a los instrumentos y el fin perseguido. La docilidad del cuerpo en un caso así es una especie de milagro, pero un milagro que el pensamiento no ha de tener en cuenta; el cuerpo, como fluidificado por la costumbre, según la hermosa expresión de Hegel, se limita a comunicar a los instrumentos los movimientos concebidos por la mente. La atención se concentra de modo exclusivo en las combinaciones formadas por los movimientos de la materia inerte, y la noción de necesidad aparece en toda su pureza, libre de toda magia. Por ejemplo, en tierra y llevado por los deseos y los temores que mueven sus piernas por él, a menudo el hombre pasa de un lugar a otro sin saber cómo; pero por mar, como los deseos y los temores no tienen ningún poder sobre el barco, todo el tiempo hay que dar muestras de astucia y picardía, disponer velas y timón, transformar el impulso del viento mediante una sucesión de artificios que solo pueden ser obra de un pensamiento lúcido. No podemos reducir del todo el cuerpo humano a ese papel de intermediario dócil entre el pensamiento y los instrumentos, pero sí podemos hacerlo cada vez más; a ello contribuye cada progreso de la técnica.

Pero por desgracia, aunque consiguiéramos someter rigurosamente y hasta en los más mínimos detalles todos los trabajos sin excepción al pensamiento metódico, enseguida surgiría un nuevo obstáculo para la libertad, debido a la profunda diferencia de naturaleza que separa la especulación teórica de la acción. En realidad, no existe el menor parecido entre la resolución de un problema y la ejecución de un trabajo incluso de forma perfectamente metódica, entre la sucesión de las nociones y la sucesión de los movimientos. El que se enfrenta a una dificultad de orden teórico procede yendo de lo simple a lo complejo, de lo claro a lo oscuro; en cambio, los movimientos del trabajador no son más simples o más claros unos que otros, sino que, simplemente, los que preceden son la condición de los que siguen. Por otro lado, el pensamiento suele reunir lo que la ejecución debe separar y separar lo que la ejecución debe unir. Por este motivo, cuando un trabajo cualquiera supone para el pensamiento dificultades que no puede superar de inmediato, resulta imposible unir el examen de dichas dificultades y la ejecución del trabajo; la mente debe resolver primero el problema teórico con sus propios procedimientos, y luego la solución puede ser aplicada a la acción. No podemos decir en un caso así que la acción sea, hablando con propiedad, metódica; se ajusta al método, lo cual es muy diferente. La diferencia es capital; porque quien aplica el método no necesita concebirlo en el momento de aplicarlo. Más aún, si se trata de cosas complicadas no puede hacerlo, aun cuando lo haya elaborado él mismo, porque a la atención, siempre obligada a concentrarse en el momento presente de la ejecución, le cuesta abarcar al mismo tiempo la sucesión de relaciones de la que depende la ejecución en su conjunto. Entonces, lo que se ejecuta no es un pensamiento, es un esquema abstracto que indica una cadena de movimientos y que resulta tan poco penetrable para la mente, en el momento de la ejecución, como una receta debida a la simple rutina o un rito mágico. Por otro lado, una misma concepción es aplicable, con o sin pequeñas modificaciones, un número indefinido de veces; porque aunque el pensamiento abarque de una sola vez la serie de las aplicaciones posibles de un método, eso no exime al hombre de realizarlas una por una todas las veces que sea necesario. Así pues, a un único destello de pensamiento le corresponde una cantidad ilimitada de acciones ciegas. Ni que decir tiene que los que reproducen indefinidamente la aplicación de tal o cual método de trabajo muchas veces no se han tomado la molestia de entenderlo; por lo demás, es frecuente que cada uno de ellos solo se encargue de una parte de la ejecución, siempre la misma, mientras sus compañeros se ocupan del resto. Entonces nos hallamos en presencia de una situación paradójica: a saber, que hay método en los movimientos del trabajo, pero no en el pensamiento del trabajador. Es como si el método hubiera trasladado su sede de la mente a la materia. La más sobrecogedora imagen de esto la dan las máquinas automáticas. Ya que el pensamiento que ha elaborado el método de acción no necesita intervenir en la ejecución, podemos confiar dicha ejecución a unos trozos de metal tanto como a unos miembros vivos, e incluso más; y así nos hallamos frente al extraño espectáculo de unas máquinas en las que el método se ha cristalizado en metal con tal perfección que parece que son ellas las que piensan, mientras que los hombres a su servicio se ven reducidos a la condición de autómatas. Por lo demás, esta oposición entre la aplicación y la inteligencia del método reaparece, absolutamente idéntica, en el marco mismo de la pura teoría. Por dar un ejemplo sencillo, resulta de todo punto imposible, en el momento de hacer una división difícil, tener en mente la teoría de la división; y ello no solo porque dicha teoría, basada en la relación de la división con la multiplicación, reviste cierta complejidad, sino sobre todo porque al ejecutar cada una de las operaciones parciales al término de las cuales se realiza la división, olvidamos que las cifras representan a veces unidades, a veces decenas y a veces centenas. Los signos se combinan según las leyes de las cosas que significan; pero al no poder conservar siempre en mente la relación entre signo y significado, los manejamos como si se combinasen siguiendo sus propias leyes; y entonces las combinaciones se vuelven ininteligibles, lo que quiere decir que se realizan de forma automática. El carácter mecánico de las operaciones aritméticas queda ilustrado por la existencia de las máquinas de contar; pero a su vez un contable tampoco es más que una máquina de contar imperfecta y desdichada. La matemática solo progresa trabajando con los signos, ampliando su significado, creando signos de signos; así las letras corrientes del álgebra representan cantidades cualesquiera, o incluso operaciones virtuales, como sucede con los valores negativos; otras letras representan funciones algebraicas, y así sucesivamente. Como en cada nivel, por así decir, terminamos inevitablemente perdiendo de vista la relación entre signo y significado; las combinaciones de signos, aunque son siempre rigurosamente metódicas, enseguida resultan impenetrables para el pensamiento. No hay máquina algebraica satisfactoria, aunque son varios los intentos que se han hecho en este sentido; pero los cálculos algebraicos no dejan de ser en su mayoría tan automáticos como el trabajo del contable. O mejor dicho lo son más, en el sentido de que lo son, en cierto modo, por esencia. Después de hacer una división, siempre podemos reflexionar acerca de ella, devolviendo a los signos su significación, hasta entender el porqué de cada parte de la operación; pero no es así en álgebra, donde los signos, a fuerza de ser manejados y combinados entre sí como tales, acaban dando muestras de una eficacia que su significación no explica. Así ocurre, por ejemplo, con los signos i y e; manejándolos de forma apropiada, allanamos maravillosamente todo tipo de dificultades, y sobre todo si los combinamos de cierta manera con π, llegamos a la afirmación de que la cuadratura del círculo es imposible; sin embargo, ninguna mente en el mundo concibe qué relación pueden tener las cantidades, si podemos llamarlas así, que designan esas letras con el problema de la cuadratura del círculo. El cálculo relaciona los signos en el papel sin que los objetos significados tengan relación en la mente; de manera que la cuestión misma de la significación de los signos termina por no significar nada. Entonces nos encontramos con que hemos resuelto un problema mediante una especie de magia, sin que la mente haya relacionado los datos y la solución. Y otra vez, como en el caso de la máquina automática, parece que el territorio del método son las cosas y no el pensamiento; solo que, en esta ocasión, las cosas no son trozos de metal, sino trazos en papel blanco. Así fue como un científico pudo declarar: "Mi lápiz sabe más que yo". Ni que decir tiene que las matemáticas superiores no son un puro producto del automatismo y que el pensamiento e incluso el genio han participado y participan en su elaboración; el resultado es una extraordinaria mezcla de operaciones ciegas y destellos de pensamiento; pero donde no lo controla todo, el pensamiento tiene por fuerza un papel subordinado. Y cuantas más combinaciones hechas de signos acumula el progreso de la ciencia, más abrumado se ve el pensamiento, incapaz de hacer el inventario de las nociones que maneja. Por supuesto, la relación entre las fórmulas así elaboradas y sus posibles aplicaciones prácticas también suele resultar totalmente impenetrable para el pensamiento, y, por ese motivo, parece algo tan fortuito como la eficacia de una fórmula mágica. En tal caso, el trabajo termina siendo automático, por así decirlo, a la segunda potencia; no solo la ejecución tiene lugar sin que la dirija el pensamiento, sino también la elaboración del método de trabajo. Podríamos concebir, a modo de límite abstracto, una civilización en la que toda actividad humana, tanto en el ámbito del trabajo como en el de la especulación teórica, estuviera sometida hasta en los más mínimos detalles a un rigor bien matemático, y ello sin que ningún ser humano entendiera nada de lo que hiciera; la noción de necesidad estaría entonces ausente de todas las mentes, y ello de una manera mucho más radical que en las tribus primitivas, las cuales, según nuestros sociólogos, ignoran la lógica.

Por contraste, el único modo de producción plenamente libre sería aquel en el que el pensamiento metódico actuase a lo largo de todo el trabajo. Habría que vencer dificultades tan variadas que nunca sería posible aplicar reglas preconcebidas; no digo que los conocimientos adquiridos no deban desempeñar papel alguno; pero el trabajador debe verse obligado a tener siempre en mente la concepción directiva del trabajo que ejecuta, con el objeto de aplicarla con inteligencia en casos particulares siempre nuevos. Como es natural, semejante presencia de ánimo requiere que esa fluidez corporal que producen el hábito y la habilidad alcance un nivel harto elevado. Asimismo, todas las nociones utilizadas en el transcurso del trabajo deben ser lo bastante luminosas para poder ser evocadas por entero en un abrir y cerrar de ojos; depende de la mayor o menor flexibilidad de la inteligencia, pero más aún del camino más o menos directo que haya tomado una noción para adquirir forma en la mente, que la memoria pueda conservar la noción misma o solo la fórmula que le servía de envoltura. Ni que decir tiene, por otra parte, que el nivel de complicación de las dificultades nunca debe ser demasiado elevado o, de lo contrario, se puede producir un corte entre el pensamiento y la acción. Por supuesto que semejante ideal nunca podrá ser plenamente realizable; no podemos evitar, en la vida práctica, realizar acciones que resultan imposibles de comprender en el momento de realizarlas, confiando a tal fin en reglas preconcebidas o en el instinto, en el andar a tientas, en la rutina. Pero al menos podemos ampliar poco a poco el terreno del trabajo lúcido, tal vez indefinidamente. Para ello bastaría que el hombre dejase de aumentar indefinidamente sus conocimientos y su poder y se concentrase más bien en establecer, tanto en el estudio como en el trabajo, un cierto equilibrio entre la mente y el objeto al que la mente se aplica.

Pero existe otro factor de servidumbre, que es para cada cual la existencia de los demás hombres. De hecho, mirándolo bien, es el único factor real de servidumbre: solo el hombre puede someter al hombre. Los propios hombres primitivos no serían esclavos de la naturaleza si no la poblaran de seres imaginarios análogos al hombre y cuyas voluntades son, además, interpretadas por hombres. En ese caso y en todos los demás, el mundo exterior es el origen del poder; pero si tras las infinitas fuerzas de la naturaleza no hubiera voluntades divinas o humanas —reales o ficticias—, la naturaleza podría destrozar al hombre y no humillarlo. La materia puede desmentir las previsiones y arruinar los esfuerzos, pero no por ello deja de ser inerte, algo hecho para ser concebido y manejado desde afuera; en cambio, nunca se puede penetrar ni manejar el pensamiento humano desde afuera. En la medida en que el destino de un hombre depende de otros hombres, su propia vida se le escapa no solo de las manos, sino también de la inteligencia; el juicio y la resolución ya no tienen nada a qué aplicarse; en lugar de combinar y actuar, hay que rebajarse a suplicar o amenazar; y el alma se precipita por abismos sin fondo de deseo y temor, porque no hay límites para las satisfacciones y sufrimientos que le pueden provocar a un hombre los demás hombres. Esta envilecedora dependencia no es exclusiva de los oprimidos, sino que afecta por igual, aunque de maneras distintas, a oprimidos y poderosos. Dado que el hombre poderoso solo vive de sus esclavos, la existencia de un mundo inflexible se le escapa casi por completo; le parece que sus órdenes contienen en sí mismas una eficacia misteriosa; nunca es capaz, hablando con propiedad, de anhelar, pero es presa de deseos que no se ven nunca limitados por la visión clara de la necesidad. Dado que el único método de acción que concibe es dar órdenes, cuando ocurre, cosa inevitable, que sus órdenes son en vano, pasa de golpe del sentimiento de un poder absoluto al sentimiento de una impotencia radical, como ocurre a menudo en los sueños; y entonces los temores se hacen aun más angustiosos porque él nunca deja de sentir la amenaza de sus rivales. Los esclavos, por su parte, nunca dejan de luchar con la materia; solo que su destino no depende de esa materia que manipulan, sino de amos a cuyos caprichos no se les pueden asignar ni leyes ni límites.

Pero no tendría mayor importancia depender de seres que, aunque extraños, al menos son reales, ya que, si no los podemos penetrar, al menos podemos verlos, oírlos o adivinarlos por analogía con nosotros mismos. En realidad, en todas las sociedades opresivas, un hombre cualquiera, sea del rango que sea, depende no solo de los que están por encima o por debajo de él, sino antes que nada del juego mismo de la vida colectiva, juego ciego que por sí solo determina las jerarquías sociales; y poco importa en este sentido que el poder muestre su origen esencialmente colectivo o bien parezca alojarse en ciertos individuos determinados igual que la virtud adormecedora en el opio. Ahora bien, si hay en el mundo algo absolutamente abstracto, absolutamente misterioso, inaccesible para los sentidos y el pensamiento, esa es la colectividad; el individuo que es miembro de ella no puede, según parece, alcanzarla ni aprehenderla con ningún ardid, forzarla con ninguna palanca; se siente respecto a ella algo del orden de lo infinitamente pequeño. Si los caprichos de un individuo resultan arbitrarios para todos los demás, las convulsiones de la vida colectiva parecen serlo a la segunda potencia. Así pues, entre el hombre y este universo que el destino le asigna como la única materia de su pensamiento y su acción, las relaciones de opresión y servidumbre colocan de modo permanente la pantalla impenetrable de la arbitrariedad humana. ¿Cómo podría extrañarnos que en lugar de ideas prácticamente solo encontremos opiniones y en lugar de acción, una ciega agitación? Solo podríamos imaginar la posibilidad de un progreso cualquiera en el único sentido real de la palabra, es decir, un progreso dentro de los valores humanos, si pudiéramos concebir a modo de límite ideal una sociedad que armase al hombre contra el mundo sin separarlo de él.

Igual que el hombre no está hecho para ser el juguete de una naturaleza ciega, tampoco lo está para ser el juguete de las ciegas colectividades que forma con sus semejantes; pero para dejar de transitar por la sociedad con la pasividad de una gota de agua abandonada al mar, tendría que poder conocerla e influir en ella. En todos los ámbitos, es cierto, las fuerzas colectivas son infinitamente superiores a las fuerzas individuales; así, que un individuo disponga siquiera de una porción de la vida colectiva resulta tan difícil de concebir como que una línea se prolongue por la suma de un punto. Así es al menos en apariencia; pero en realidad hay una excepción, y una sola, que es el ámbito del pensamiento. En lo que se refiere al pensamiento, la relación se invierte; ahí el individuo es superior a la colectividad en la medida en que algo es superior a nada, pues el pensamiento solo se forma en una mente, sola frente a sí misma; las colectividades no piensan. Es cierto que el pensamiento por sí mismo no constituye en absoluto una fuerza. A Arquímedes lo mató, dicen, un soldado borracho; y si lo hubieran puesto a girar una rueda de molino bajo los azotes de un guardián de esclavos, habría girado exactamente igual que el hombre más tosco. En la medida en que el pensamiento sobrevuela la contienda social, puede juzgar, mas no transformar. Todas las fuerzas son materiales; la expresión de fuerza mental es por naturaleza contradictoria; el pensamiento solo puede ser una fuerza en la medida en que es materialmente imprescindible. Por expresar la misma idea desde otro ángulo, el hombre no tiene nada que sea individual por naturaleza, nada que le sea absolutamente propio, salvo la facultad de pensar; y esta sociedad de la que depende íntimamente a cada instante de su existencia, depende a su vez de él, en alguna medida, desde el momento en que necesita que piense. Porque todo lo demás se puede imponer desde afuera por la fuerza, movimientos del cuerpo incluidos, pero nada en el mundo puede obligar a un hombre a ejercer el poder de su pensamiento ni sustraerle el control de su propio pensamiento. Si alguien necesita que un esclavo piense, más le vale dejar el látigo; si no, son bien pocas las posibilidades de obtener resultados de buena calidad. Así, si quisiéramos dar forma, de manera puramente teórica, a la concepción de una sociedad donde la vida colectiva estuviera sometida a los hombres considerados como individuos en vez de ser ellos los sometidos, habríamos de imaginar una forma de vida material en la que solo interviniesen esfuerzos dirigidos en exclusiva por el pensamiento claro, lo que implicaría que cada trabajador controlase él mismo, sin remitirse a ninguna regla exterior, no solo la adaptación de sus esfuerzos a la producción en curso, sino también la coordinación de dichos esfuerzos con los de todos los demás miembros de la colectividad. La técnica debería ser capaz de recurrir todo el tiempo a la reflexión metódica; la analogía entre las técnicas de los diferentes trabajos debería ser lo bastante profunda y la cultura técnica lo bastante extensa para que cada trabajador se hiciera una idea clara de todas las especialidades; la coordinación debería establecerse de una manera lo bastante sencilla para que cada cual tuviera todo el tiempo un conocimiento preciso tanto de la cooperación de los trabajadores como del comercio de los productos; las colectividades nunca serían lo bastante extensas para quedar fuera del alcance de una mente humana; la comunidad de intereses sería lo bastante evidente para suprimir las rivalidades; y como cada individuo estaría en condiciones de controlar el conjunto de la vida colectiva, esta siempre se ajustaría a la voluntad general. Los privilegios basados en el comercio de los productos, los secretos de la producción o la coordinación de los trabajos quedarían invalidados de forma automática. La función de coordinar ya no implicaría ningún poder, puesto que un control continuo ejercido por cada cual imposibilitaría cualquier decisión arbitraria. De manera general, la interdependencia de los hombres ya no haría que su destino estuviese en manos de la arbitrariedad, y dejaría de introducir en la vida humana hasta el más mínimo elemento misterioso, puesto que cada cual estaría en condiciones de controlar la actividad de todos los demás recurriendo únicamente a su razón. La razón es la misma para todos los hombres; si estos se vuelven extraños e impenetrables los unos para los otros es porque se alejan de ella; así una sociedad en la que toda la vida material tuviera como condición necesaria y suficiente que cada cual ejercitara su razón podría resultar totalmente transparente para todas las mentes. En cuanto al estímulo necesario para superar fatigas, dolores y peligros, cada cual lo hallaría en el deseo de ganar la estima de sus compañeros, pero sobre todo en sí mismo; para los trabajos que son creaciones de la mente, la imposición exterior, ahora inútil y perjudicial, se sustituiría por una especie de imposición interior; el espectáculo de la obra inacabada atrae al hombre libre con la misma fuerza con que el látigo mueve al esclavo. Solo una sociedad así sería una sociedad de hombres libres, iguales y hermanos. A decir verdad, los hombres estarían sujetos por lazos colectivos, pero exclusivamente en su calidad de hombres; nunca se tratarían unos a otros como objetos. Cada cual vería en cada compañero de trabajo otro yo colocado en otro puesto y lo amaría como lo ordena la máxima evangélica. Así poseeríamos, además de la libertad, un bien aun más valioso; porque si nada es más odioso que la humillación y el envilecimiento del hombre por el hombre, nada es tan hermoso ni tan dulce como la amistad.

Esta visión, considerada en sí misma, está, si cabe, más alejada aun de las condiciones reales de la vida humana que la ficción de la Edad de oro. Pero, a diferencia de dicha ficción, puede servir, a modo de ideal, como punto de referencia para el análisis y la apreciación de las formas sociales reales. La visión de una vida social absolutamente opresiva y que sometiera a todos los individuos al juego de un mecanismo ciego también era puramente teórica; el análisis que situase una sociedad respecto a estas dos visiones ya se acercaría más a la realidad, pero seguiría siendo muy abstracto. Así aparece un nuevo método de análisis social que no es el de Marx, aunque parta, como quería Marx, de las relaciones de producción; pero mientras que Marx, cuya concepción es además poco precisa en este aspecto, parece haber querido ordenar los modos de producción en función del rendimiento, ahora los analizaríamos en función de las relaciones entre pensamiento y acción. Ni que decir tiene que este punto de vista no implica en absoluto que la humanidad haya evolucionado, en el transcurso de la historia, de las formas menos conscientes a las formas más conscientes de la producción; la noción de progreso es indispensable para cualquiera que busque forjar por adelantado el porvenir, pero solo puede extraviar a la mente cuando se está estudiando el pasado. Entonces hay que sustituirla por la noción de una escala de valores concebida al margen del tiempo; pero tampoco es posible disponer en semejante escala las diversas formas sociales en serie. Lo que se puede hacer es trasladar a una escala así tal o cual aspecto de la vida social tomada en una época determinada. Está bastante claro que los trabajos difieren de verdad entre sí por algo que no se refiere ni al bienestar, ni al ocio, ni a la seguridad, y que sin embargo afecta profundamente a todos los hombres; un pescador que lucha contra las aguas y el viento en su pequeña embarcación, aunque sufra por el frío, por el cansancio, por la falta de ocio e incluso de sueño, por el peligro y por un nivel de vida primitivo, tiene un destino más envidiable que el obrero que trabaja en cadena pese a que este último está más resguardado en casi todos esos aspectos. Y es que su trabajo se parece mucho más al trabajo de un hombre libre, por más que la rutina y la ciega improvisación sean a veces bastante considerables. El artesano de la Edad Media también ocupa, desde este punto de vista, un lugar bastante honorable, si bien ese "toque" que desempeña un papel tan importante en todos los trabajos hechos a mano es en gran medida algo ciego; en cuanto al obrero plenamente cualificado formado por la técnica de los tiempos modernos, se trata tal vez de lo que más se parece al perfecto trabajador. Encontramos análogas diferencias en la acción colectiva; un equipo de trabajadores en cadena vigilados por un contramaestre es un triste espectáculo, mientras que es hermoso ver a un puñado de obreros de la construcción, detenidos por una dificultad, reflexionando cada uno por su lado, indicando diversos medios de acción y aplicando por unanimidad el método concebido por uno de ellos, sin que importe si este tiene o no una autoridad oficial sobre los demás. En momentos así la imagen de una colectividad libre aparece casi en toda su pureza. Por su parte, la relación entre la naturaleza del trabajo y la condición del trabajador también resulta evidente en cuanto echamos un vistazo a la historia o a la sociedad actual; hasta los antiguos esclavos eran tratados con consideración cuando se los empleaba como médicos o como pedagogos. Pero todas estas observaciones solo se refieren a detalles. Un método que permitiese alcanzar visiones de conjunto respecto a las diversas organizaciones sociales en función de las nociones de servidumbre y libertad sería más valioso.

Para empezar habría que diseñar algo así como un mapa de la vida social, en el que estarían indicados los puntos en los que es imprescindible que se ejercite el pensamiento y, por ende, si podemos decirlo así, las zonas de influencia del individuo en la sociedad. Se pueden distinguir tres maneras en que el pensamiento puede intervenir en la vida social: se pueden elaborar especulaciones puramente teóricas cuyos resultados serán aplicados luego por técnicos; puede ejercitarse en la ejecución; puede ejercitarse en el mando y la dirección. En todos los casos, solo se trata de un ejercicio parcial y, por así decirlo, mutilado del pensamiento, ya que la mente nunca abarca plenamente su objeto; pero es suficiente para que los que tienen la obligación de pensar cuando cumplen con su función social conserven mejor que los demás la forma humana.

Esto no es cierto solo en los oprimidos, sino en todos los niveles de la escala social. En una sociedad basada en la opresión, tanto los débiles como los más poderosos están sometidos a las ciegas exigencias de la vida colectiva, y hay menoscabo del corazón y la mente en todos ellos, si bien de forma distinta; pero si oponemos dos clases sociales opresivas como, por ejemplo, los ciudadanos de Atenas y la burocracia soviética, encontramos una distancia al menos tan grande como entre uno de nuestros obreros cualificados y un esclavo griego. En cuanto a las condiciones para que el pensamiento participe más o menos en el ejercicio del poder, sería fácil establecerlas según el nivel de complicación y de extensión de las tareas, el carácter general de las dificultades por resolver y el reparto de las funciones. Así, los miembros de una sociedad opresiva no se distinguen solo por el lugar más elevado o más bajo en el que se encuentran enganchados al mecanismo social, sino también por el carácter más consciente o más pasivo de sus relaciones con dicho mecanismo, y esta segunda distinción, más importante que la primera, no tiene vínculo directo con ella. En cuanto a la influencia que los hombres encargados de funciones sociales sometidas a la dirección de su propia inteligencia pueden ejercer en la sociedad de la que forman parte, depende, por supuesto, de la naturaleza y la importancia de dichas funciones; sería harto interesante profundizar en el análisis de este aspecto, pero también harto difícil. Otro factor muy importante de las relaciones entre la opresión social y los individuos lo constituyen las facultades de control más o menos amplias que pueden ejercer, en las diversas funciones que consisten esencialmente en coordinar, los hombres que no están investidos de dichas funciones; está claro que cuanto más incontrolables resultan estas, más sofocante resulta la vida colectiva para el conjunto de los individuos. Por último, hay que tener en cuenta el carácter de los lazos que mantienen al individuo en situación de dependencia material respecto de la sociedad que lo rodea; estos lazos están, ora más sueltos, ora más apretados, y pueden presentar diferencias considerables según si un hombre está más o menos obligado, en los diferentes momentos de su existencia, a volverse hacia los demás a fin de disponer de los medios para consumir y los medios para producir y protegerse los peligros. Por ejemplo, un obrero que posee un jardín lo bastante grande para abastecerse de verduras es más independiente que aquellos de sus compañeros que deben pedir todos sus alimentos a los vendedores; un artesano que posee sus herramientas es más independiente que el obrero de una fábrica cuyas manos pierden toda utilidad si al jefe le place arrebatarle el uso de su máquina. En cuanto a la defensa ante los peligros, la situación del individuo en este sentido depende de la modalidad de combate practicada por la sociedad en que se encuentra; si el combate es monopolio de los miembros de una cierta clase social, la seguridad de todos los demás depende de estos privilegiados; si la potencia de los armamentos y el carácter colectivo del combate dan el monopolio de la fuerza militar al poder central, este dispone a su antojo de la seguridad de los ciudadanos. En resumen, la sociedad menos mala es aquella en la que el común de los hombres se encuentra obligado la mayor parte del tiempo a pensar actuando, tiene mayores posibilidades de control sobre el conjunto de la vida colectiva y goza de mayor independencia. Por lo demás, las condiciones necesarias para disminuir el opresivo peso del mecanismo social se contradicen unas a otras en cuanto se sobrepasan ciertos límites; así pues, no se trata de aventurarse lo más lejos posible en una determinada dirección, sino, cosa mucho más difícil, de encontrar un cierto equilibrio óptimo.

La concepción puramente negativa de un relajamiento de la opresión social no puede por sí misma dar un objetivo a las gentes de buena voluntad. Resulta imprescindible hacerse al menos una vaga representación de la civilización a la que deseamos que llegue la humanidad; y poco importa que dicha representación sea más una mera ensoñación que un pensamiento auténtico. Si los análisis precedentes son correctos, la civilización más plenamente humana sería aquella cuyo centro fuera el trabajo manual, aquella en la que el trabajo manual constituyera el valor supremo. No se trata de nada parecido a la religión de la producción que reinaba en América durante el período de prosperidad, que reina en Rusia desde el plan quinquenal; porque el auténtico objeto de esta religión son los productos del trabajo y no el trabajador, las cosas y no el hombre. El trabajo manual no debe convertirse en el valor más elevado por su relación con lo que produce, sino por su relación con el hombre que lo ejecuta; no debe ser objeto de honores o recompensas, sino constituir aquello que cada ser humano más necesita a fin de que su vida adquiera para él un sentido y un valor por sí misma. Ni siquiera en nuestros días las actividades que llamamos desinteresadas, deporte o incluso arte o pensamiento, logran quizá proporcionar un equivalente de lo que sentimos al enfrentarnos directamente con el mundo mediante un trabajo no mecánico. Rimbaud se lamentaba de que "no estamos en el mundo" y de que "la verdadera vida está ausente"; en esos momentos de dicha y plenitud incomparables sabemos por destellos que la verdadera vida está ahí, sentimos con todo nuestro ser que el mundo existe y que estamos en el mundo. Ni siquiera la fatiga física logra disminuir el poder de ese sentimiento; siempre que no sea excesiva, más bien lo aumenta. Si puede ser así en nuestra época, ¿qué maravillosa plenitud de vida podríamos esperar de una civilización en la que el trabajo estuviera lo bastante transformado para ejercitar plenamente todas las facultades, para constituir el acto humano por excelencia? Entonces deberíamos encontrarlo en el centro mismo de la cultura. Antes la cultura era considerada por muchos como un fin en sí misma, y los que hoy la ven más que como una simple distracción suelen buscar en ella un medio para evadirse de la vida real. Sin embargo, su auténtico valor consistiría en preparar al hombre para la vida real, en armarlo para que pueda establecer, tanto con este universo que le ha tocado en suerte como con sus hermanos, cuya condición es idéntica a la suya, relaciones dignas de la grandeza humana. Hoy día, unos ven la ciencia como un simple catálogo de recetas técnicas y otros como un conjunto de puras especulaciones mentales que se bastan a sí mismas; los primeros apenas le hacen caso a la mente y los segundos al mundo. El pensamiento es la suprema dignidad del hombre; pero se ejerce en vano, y por consiguiente solo se ejerce en apariencia, cuando no aprehende su objeto, que solo puede ser el universo. Ahora bien, lo que proporciona a las abstractas especulaciones de los científicos esa relación con el universo que es la única que les da un valor concreto, es el hecho de ser directa o indirectamente aplicables. En nuestros días, es cierto, sus propias aplicaciones les son ajenas; los que elaboran o estudian dichas especulaciones lo hacen sin pensar en su valor teórico. Al menos suele ser así. El día en que resulte imposible comprender las nociones científicas, aun las más abstractas, sin percibir con claridad, al mismo tiempo, su relación con posibles aplicaciones, y resulte también imposible aplicar aunque solo sea indirectamente dichas nociones sin conocerlas y comprenderlas a fondo, la ciencia se habrá vuelto concreta y el trabajo consciente, y solo entonces ambos alcanzarán su valor pleno. Hasta entonces ciencia y trabajo tendrán siempre algo incompleto e inhumano. Los que han dicho hasta ahora que las aplicaciones son el objetivo de la ciencia querían decir que la verdad no merece ser buscada y que solo importa el éxito; pero podríamos entenderlo de otro modo: podemos concebir una ciencia que se propusiera como fin último perfeccionar la técnica, no volviéndola más poderosa, sino simplemente más consciente y metódica. Por lo demás, el rendimiento podría progresar a la par que la lucidez; "Busquen primero el reino de los cielos y todo lo demás les será dado por añadidura". Una ciencia así sería, en suma, un método para dominar la naturaleza, o un catálogo de las nociones indispensables para llegar a tal dominio, dispuestas según un orden que las haría transparentes para la mente. Sin duda fue así como Descartes concibió la ciencia. En cuanto al arte de una civilización semejante, en las obras cristalizaría la expresión de ese feliz equilibrio entre la mente y el cuerpo, entre el hombre y el universo, que en acto solo puede existir en las formas más nobles del trabajo físico; por lo demás, incluso en el pasado, las obras de arte más puras siempre expresaron el sentimiento o, hablando de una forma quizá más exacta, el presentimiento de un equilibrio así. El fin esencial del deporte sería dar al cuerpo humano esa flexibilidad y, como dice Hegel, esa fluidez que lo vuelve penetrable para el pensamiento y le permite a este entrar directamente en contacto con las cosas. Las relaciones sociales se amoldarían directamente a la organización del trabajo; los hombres se agruparían en pequeñas colectividades trabajadoras donde la cooperación sería la ley suprema y donde cada cual podría comprender con claridad y controlar la relación de las reglas a las que su vida estaría sometida con el interés general. Por lo demás, cada momento de la existencia aportaría a cada cual la ocasión de comprender y sentir hasta qué punto todos los hombres son profundamente uno, al tener todos que afrontar con la misma razón obstáculos análogos; y todas las relaciones humanas, desde las más superficiales hasta las más tiernas, tendrían algo de esa fraternidad viril que une a los compañeros de trabajo.

Esto es sin duda pura utopía. Pero describir siquiera de forma somera un estado de cosas que sería mejor de lo que es siempre es construir una utopía; sin embargo, de nada está más necesitada la vida que de descripciones de este tipo, siempre que las dicte la razón. De hecho, todo el pensamiento moderno desde el Renacimiento está impregnado de aspiraciones más o menos vagas a esa civilización utópica; incluso se llegó a creer durante cierto tiempo que dicha civilización se estaba formando y que se entraba en la época en que la geometría griega descendería sobre la tierra. Descartes seguramente lo creyó, así como algunos de sus contemporáneos. Por lo demás, la noción del trabajo considerado como un valor humano es sin duda la única conquista espiritual que haya hecho el pensamiento humano desde el milagro griego; esta era quizá la única laguna en el ideal de vida humana que

Grecia elaboró y dejó tras de sí como un legado imperecedero. Bacon fue el primero en mostrar esta noción. En un destello de genialidad, sustituyó la antigua y desesperante maldición del Génesis, que mostraba el mundo como un presidio y el trabajo como la marca de la esclavitud y la abyección humanas, por la auténtica ley de las relaciones del hombre con el mundo: "El hombre vence a la naturaleza obedeciéndola". Esta fórmula tan sencilla debería constituir la Biblia de nuestra época, pues basta por sí sola para definir el auténtico trabajo, el que hace a los hombres libres, y ello en la medida misma en que es un acto de sumisión consciente a la necesidad. Tras Descartes, los científicos se fueron inclinando progresivamente a considerar la ciencia pura como un fin en sí mismo; pero en cambio, el ideal de una vida dedicada a una forma libre de trabajo físico empezó a surgir entre los escritores; incluso domina la obra maestra del poeta generalmente considerado como el más aristocrático de todos, o sea, Goethe. Fausto, símbolo del alma humana en su infatigable búsqueda del bien, abandona con hastío su carrera abstracta en pos de la verdad, que ya no le parece sino un juego vacío y estéril; el amor solo lo conduce a destruir al ser amado; el poder político y militar resulta ser un puro juego de apariencias; el encuentro con la belleza lo colma, pero solo por un breve instante; la posición de empresario le da un poder que cree sustancial, pero que sin embargo lo deja en manos de la tiranía de las pasiones. Por último, aspira a ser despojado de su poder mágico, que podemos considerar como el símbolo de todo tipo de poder; exclama: "Si yo estuviese ante ti, Naturaleza, solo en mi condición de hombre, entonces valdría la pena ser una criatura humana"; y termina por alcanzar, en el momento de morir, el presentimiento de la dicha más plena, al imaginarse una vida que fluiría con libertad por entre un pueblo libre y que consistiría toda entera en un trabajo físico penoso y peligroso, pero realizado en fraternal cooperación. Sería fácil citar otros nombres ilustres como por ejemplo Rousseau, Shelley y sobre todo Tolstói, que desarrolló este tema a lo largo de toda su obra con un tono incomparable. En cuanto al movimiento obrero, todas las veces que supo sortear la demagogia basó las reivindicaciones de los trabajadores en la dignidad del trabajo. Proudhon se atrevía a escribir: "El genio del más simple artesano prevalece sobre los materiales que explota tanto como la mente de un Newton sobre las esferas inertes cuyas distancias, masas y revoluciones se dedica a calcular"; Marx, cuya obra encierra numerosas contradicciones, daba como característica esencial del hombre, en contraste con los animales, el hecho de que produce las condiciones de su propia existencia y así se produce indirectamente a sí mismo. Los sindicalistas revolucionarios, que colocan en el centro de la cuestión social la dignidad del productor considerado como tal, se adhieren a la misma corriente. En líneas generales, podemos tener el orgullo de pertenecer a una civilización que ha traído consigo el presentimiento de un nuevo ideal.

IV
Esbozo de la vida social contemporánea

RESULTA IMPOSIBLE CONCEBIR NADA más contrario a este ideal que la forma que ha adoptado en nuestros días la civilización moderna, al término de una evolución de varios siglos. Nunca se vio el individuo tan a merced de una colectividad ciega, y nunca se vieron los hombres más incapaces no solo de someter sus acciones a sus pensamientos, sino hasta de pensar. Los términos de "opresores" y "oprimidos", la noción de clases, todo eso está bien cerca de perder toda significación, de tan evidentes que resultan la impotencia y la angustia de todos los hombres frente a la máquina social, convertida en una máquina de romper corazones, de aplastar mentes, una máquina de fabricar inconsciencia, necedad, corrupción, abulia y sobre todo vértigo. La causa de tan doloroso estado de cosas está bien clara. Vivimos en un mundo donde nada es a la medida del hombre; hay una monstruosa desproporción entre el cuerpo del hombre, la mente del hombre y las cosas que hoy día constituyen los elementos de la vida humana; todo es desequilibrio. No existe categoría, grupo o clase de hombres que se libre por completo de este desequilibrio devastador, a excepción tal vez de algunos oasis de vida más primitiva; y los jóvenes, que han crecido así, que así crecen, reflejan en su interior más que los demás el caos que los rodea. Este desequilibrio es esencialmente una cuestión de cantidad. La cantidad se transforma en calidad, como dijo Hegel, y en particular una mera diferencia de cantidad basta para trasladarse del ámbito de lo humano al ámbito de lo inhumano. En abstracto las cantidades son indiferentes, ya que se puede cambiar de forma arbitraria la unidad de medida; pero en concreto algunas unidades de medida vienen dadas y han permanecido sin cambios hasta ahora, por ejemplo el cuerpo humano, la vida humana, el año, el día, la rapidez media del pensamiento humano. La vida actual no está organizada a la medida de todas estas cosas; se ha trasladado a un orden de magnitudes muy diferente, como si el hombre se esforzase por elevarla al nivel de las fuerzas de la naturaleza exterior dejando de lado su propia naturaleza. Si a ello añadimos que, a juzgar por las apariencias, el régimen económico ha agotado su capacidad de construcción y empieza a no poder funcionar si no es socavando poco a poco sus bases materiales, distinguiremos en toda su sencillez la auténtica esencia de la miseria sin fondo que nos ha tocado en suerte a las generaciones presentes. En apariencia casi todo se realiza en nuestros días de forma metódica; la ciencia es reina, el maquinismo invade poco a poco todo el ámbito del trabajo, las estadísticas adquieren una importancia creciente y, en una sexta parte del globo, el poder central trata de regular el conjunto de la vida social de acuerdo a unos planes. Pero en realidad el espíritu metódico desaparece progresivamente, debido a que el pensamiento cada vez encuentra menos posibilidades de hincarle el diente a algo. Las matemáticas constituyen por sí solas un conjunto demasiado vasto y complejo para poder ser abarcado por una mente; con más razón el todo formado por las matemáticas y las ciencias de la naturaleza; con más razón el todo formado por la ciencia y sus aplicaciones; y por otra parte, todo está tan estrechamente ligado que el pensamiento no puede aprehender de verdad nociones parciales. Ahora bien, todo aquello que el individuo se vuelve incapaz de dominar termina en manos de la colectividad. Así es como la ciencia es desde hace tiempo ya y en mayor medida cada vez una obra colectiva. A decir verdad, los resultados nuevos son siempre obra de hombres determinados; pero, quizá salvo raras excepciones, el valor de un resultado cualquiera depende de un conjunto tan complejo de relaciones con los descubrimientos pasados y las investigaciones posibles que ni la mente del inventor puede abarcarlo. Así las iluminaciones, al acumularse, parecen enigmas, a la manera de un cristal tan espeso que deja de ser transparente. Con más razón la vida práctica cobra un carácter cada vez más colectivo y el individuo como tal es cada vez más insignificante. Los progresos de la técnica y la producción en serie reducen a los obreros cada vez más a una función pasiva; en proporción creciente y en mayor medida cada vez, se ven envueltos en una forma de trabajo que les permite llevar a cabo los gestos necesarios sin comprender su relación con el resultado final. Por otro lado, la empresa se ha convertido en algo demasiado vasto y complejo para que un hombre pueda orientarse plenamente en ella; y de hecho, en todos los ámbitos, todos los hombres que ocupan los puestos importantes de la vida social están a cargo de asuntos que sobrepasan de manera considerable el alcance de una mente humana. Por lo que se refiere al conjunto de la vida social, depende de tantos factores de impenetrable oscuridad por sí solos y entrelazados en relaciones tan inextricables que a nadie se le ocurriría siquiera intentar descifrar su mecanismo. Así la función social que por esencia más le corresponde al individuo, la que consiste en coordinar, dirigir, decidir, sobrepasa las capacidades individuales y pasa a ser en cierta medida colectiva y como anónima.

En la medida misma en que lo que hay de sistemático en la vida contemporánea se escapa al control del pensamiento, la regularidad es establecida por cosas que constituyen el equivalente de lo que sería el pensamiento colectivo si la colectividad pensase. La cohesión de la ciencia está asegurada por signos; a saber, por un lado, palabras o frases hechas que utilizamos más allá de lo que haya comportado las nociones primitivamente contenidas en ellas y, por otro lado, los cálculos algebraicos. En el ámbito laboral, las cosas que asumen las funciones esenciales son las máquinas. La cosa que pone en relación producción y consumo y que regula el comercio de los productos es la moneda. Por último, si la función de coordinar y dirigir es demasiada carga para la inteligencia y el pensamiento de un solo hombre, entonces es encomendada a una máquina extraña cuyas piezas son hombres, cuyos engranajes están constituidos por reglamentos, informes y estadísticas y cuyo nombre es organización burocrática. Todas estas cosas ciegas imitan a la perfección el esfuerzo del pensamiento. El simple juego del cálculo algebraico ha llevado más de una vez a lo que podríamos llamar una noción nueva, si no fuera porque estas pseudonociones solo contienen relaciones de signos; y ese mismo cálculo suele ser maravillosamente capaz de transformar series de resultados experimentales en leyes, con una desconcertante facilidad que recuerda las transformaciones fantásticas que vemos en los dibujos animados. Las máquinas automáticas parecen ofrecer el modelo del trabajador inteligente, fiel, dócil y concienzudo. En cuanto a la moneda, los economistas han estado convencidos durante mucho tiempo de que posee la virtud de establecer relaciones armoniosas entre las diversas funciones económicas. Y los mecanismos burocráticos consiguen prácticamente sustituir a los jefes. Así el pensamiento, propiedad exclusiva del individuo, está supeditado en todos los ámbitos a vastos mecanismos que cristalizan la vida colectiva, hasta el punto de que casi hemos perdido el sentido de lo que es el auténtico pensamiento. Los esfuerzos, las penas, las argucias de los seres de carne y sangre que el tiempo conduce por oleadas sucesivas a la vida social solo tienen valor social y eficacia si a su vez se cristalizan en esos grandes mecanismos. La inversión de la relación entre medios y fines, inversión que es en cierta medida la ley de toda sociedad opresiva, aquí se hace total o casi, y se extiende a casi todo. El científico no recurre a la ciencia deseando ver con más claridad en su propio pensamiento, sino aspirando a encontrar resultados que puedan sumarse a la ciencia constituida. Las máquinas no funcionan para que los hombres vivan, sino que por resignación se alimenta a los hombres a fin de que sirvan a las máquinas. El dinero no supone un procedimiento cómodo para el comercio de los productos, es el flujo de las mercancías el que supone un medio para que circule el dinero. Por último, la organización no es un medio para ejercer una actividad colectiva, sino que la actividad de un grupo cualquiera es un medio para reforzar la organización. Otro aspecto de la misma inversión consiste en el hecho de que los signos, palabras y fórmulas algebraicas en el ámbito del conocimiento, la moneda y los símbolos de crédito en la vida económica, funcionan como realidades en las que las cosas reales solo constituirían las sombras, igual que en el cuento de Andersen donde el sabio y su sombra intercambiaban los papeles; y es que los signos son la materia de las relaciones sociales, mientras que la percepción de la realidad es cosa individual. Por lo demás, la desposesión del individuo en beneficio de la colectividad no es total ni puede serlo; pero cuesta concebir cómo podría llegar mucho más lejos que hoy. La potencia y la concentración de los armamentos ponen todas las vidas humanas a merced del poder central. En razón de la formidable extensión del comercio, la mayoría de los hombres solo pueden conseguir la mayoría de las cosas que consumen a través de la sociedad y a cambio de dinero; incluso los campesinos están sometidos hoy en gran medida a esta necesidad de comprar. Y como la gran industria es un régimen de producción colectiva, muchos hombres se ven obligados, para que sus manos puedan alcanzar la materia del trabajo, a pasar por una colectividad que los absorbe y les impone una tarea más o menos servil; cuando la colectividad los rechaza, la fuerza y habilidad de sus manos son inútiles. Incluso los campesinos, que hasta ahora se libraban de tan miserable condición, acaban por verse reducidos a ella en una sexta parte del globo. Un estado de cosas tan asfixiante suscita aquí y allá una reacción individualista de la que encontramos huellas en el arte, sobre todo en literatura; pero dicha reacción, al no poder, en virtud de las condiciones objetivas, interferir ni en el ámbito del pensamiento ni en el de la acción, permanece encerrada en los juegos de la vida interior o en los de la aventura y los actos gratuitos, es decir que no sale del reino de las sombras; y todo hace pensar que incluso este simulacro de reacción está condenado a desaparecer casi por completo.

Cuando el hombre está sometido hasta tal extremo, los juicios de valor, sean en el ámbito que sean, solo pueden basarse en un criterio puramente exterior; no hay, en el lenguaje, término lo bastante ajeno al pensamiento para expresar como es debido algo tan desprovisto de sentido; pero podemos decir que dicho criterio se define por la eficacia, siempre que con ello nos estemos refiriendo a éxitos conseguidos en vano. Hasta las nociones científicas son apreciadas no por su contenido, el cual puede ser del todo ininteligible, sino por las facilidades que proporcionan para coordinar, abreviar, resumir. En el ámbito económico, una empresa es juzgada no por la utilidad real de las funciones sociales que cumple, sino por la extensión que ha adquirido y la rapidez a la que se desarrolla; y así con todo. Así, el juicio de los valores es encomendado en cierto modo a las cosas y no al pensamiento. La eficacia de los esfuerzos de todo tipo debe ser controlada siempre, es cierto, por el pensamiento, ya que en líneas generales todo control procede de la mente; pero el pensamiento está reducido a un papel tan subalterno que podemos decir, para simplificar, que la función de controlar ha pasado del pensamiento a las cosas. Pero esta exorbitante complicación de todas las actividades teóricas y prácticas que ha derrocado así al pensamiento termina, al agravarse aun más, por hacer que ese control ejercido por las cosas se vuelva a su vez defectuoso y casi imposible. Todo es ciego entonces. Así es como, en el ámbito de la ciencia, la desmesurada acumulación de materiales de todo tipo desemboca en un caos de tal calibre que parece cada vez más cercano el momento en que todo sistema resulte arbitrario. El caos de la vida económica es mucho más evidente todavía. En la ejecución misma del trabajo, la subordinación de esclavos irresponsables a jefes desbordados por la cantidad de cosas que deben vigilar, y en gran medida también irresponsables, es causa de innumerables deficiencias y negligencias; este mal, en principio limitado a las grandes empresas industriales, se ha extendido a esos campos donde los campesinos son sometidos como obreros, es decir en la Rusia soviética. La formidable extensión del crédito impide que la moneda desempeñe su función reguladora en lo que respecta al comercio y a las relaciones de las diversas ramas de la producción; y en vano intentaríamos remediar esto a golpes de estadísticas. La extensión paralela de la especulación termina por hacer de la prosperidad de las empresas algo independiente, en gran medida, de su buen funcionamiento, debido a que los recursos aportados por la producción de cada una de ellas cuentan cada vez menos en comparación con el perpetuo aporte de capital nuevo. Resumiendo, en todos los ámbitos el éxito ha pasado a ser algo casi arbitrario; parece puro azar cada vez más; y como constituye la única regla en todas las ramas de la actividad humana, nuestra civilización se ve invadida por un desorden que no cesa de crecer y arruinada por un derroche proporcional al desorden. Dicha transformación tiene lugar en el mismo momento en que las fuentes de recursos de las que la economía capitalista extrajo antaño su prodigioso desarrollo se vuelven cada vez menos abundantes y las condiciones técnicas del trabajo imponen por sí mismas al progreso del equipamiento industrial un ritmo rápidamente decreciente.

Se han operado muchos cambios profundos casi sin que nos enteremos y sin embargo estamos atravesando una época en la que el eje mismo del sistema social está, por así decir, dándose vuelta. Durante el desarrollo del régimen industrial, la vida social se encontró orientada en el sentido de la construcción. El equipamiento industrial del planeta era por excelencia el terreno de la lucha por el poder. Hacer crecer una empresa más rápido que los rivales, y con los propios recursos, tal era en general el objetivo de la actividad económica. El ahorro era la regla de la vida económica; se restringía al máximo el consumo no solo de los obreros, sino también de los capitalistas, y, en líneas generales, todos los gastos no relativos al equipamiento industrial. Los gobiernos tenían como principal misión preservar la paz civil e internacional. Los burgueses tenían la sensación de que así sería indefinidamente, para mayor dicha de la humanidad; pero así no podía ser indefinidamente. En nuestros días, la lucha por el poder, sin dejar de conservar en cierta medida la apariencia de las mismas formas, ha cambiado por completo de naturaleza. El formidable aumento de la participación en las empresas del capital material, si la comparamos con la del trabajo vivo, la rápida disminución de la tasa de ganancia que se ha derivado de ello, la masa en perpetuo crecimiento de los gastos generales, el derroche, las pérdidas por negligencia o robo de los empleados, la ausencia de todo elemento regulador que permita adaptar las diversas ramas de la producción, todo impide que el eje de la actividad social pueda seguir siendo el desarrollo de la empresa mediante la transformación de la ganancia en capital. Parece que la lucha económica haya dejado de ser una rivalidad para convertirse en una especie de guerra. Ya no se trata tanto de organizar bien el trabajo como de hacerse con la mayor parte posible del capital disponible diseminado en la sociedad vendiendo acciones, y de hacerse luego con la mayor cantidad posible del dinero desperdigado por todas partes vendiendo productos; todo tiene lugar en el ámbito de la opinión y casi de la ficción, a golpes de especulación y publicidad. Al ser el crédito la recompensa de todo éxito económico, el ahorro es sustituido por los gastos más demenciales. El término "propiedad" ya casi no tiene sentido; para el ambicioso ya no se trata de hacer prosperar un negocio de su propiedad, sino de poner bajo su control el sector más amplio posible de la actividad económica. En pocas palabras diremos, para caracterizar de forma vaga y somera esta transformación de una oscuridad casi impenetrable, que de lo que se trata ahora en la lucha por el poder económico es mucho menos de construir que de conquistar; y como la conquista es destructora, el sistema capitalista, que en apariencia sigue siendo sin embargo prácticamente el mismo que hace cincuenta años, se orienta por entero hacia la destrucción. Los medios de la lucha económica: publicidad, lujo, corrupción, inversiones formidables basadas casi por entero en el crédito, venta de productos inútiles con procedimientos casi violentos, especulaciones destinadas a arruinar a las empresas rivales, tienden todos a minar las bases de nuestra vida económica mucho más que a ampliarlas. Pero todo esto es poca cosa al lado de dos fenómenos conexos que empiezan a aparecer con claridad y suponen para la vida de cada individuo una trágica amenaza; a saber, por una parte, el hecho de que el Estado tiende cada vez más, y con extraordinaria rapidez, a ser el centro de la vida económica y social, y por otra parte la supeditación de lo económico a lo militar. Al tratar de analizar con detalle estos fenómenos, llama la atención la maraña casi inextricable de causas y efectos recíprocos, pero la tendencia general es bastante clara. Resulta bastante natural que el carácter cada vez más burocrático de la actividad económica ayude a los progresos del poder del Estado, que es la organización burocrática por excelencia. La profunda transformación de la lucha económica actúa en este mismo sentido; el Estado es incapaz de construir, pero al concentrar en sus manos los medios de coacción más poderosos, su propio peso lo lleva en cierto modo a convertirse poco a poco en el elemento central cuando se trata de conquistar y destruir. Por último, dado que la extraordinaria complicación de las operaciones de comercio y crédito ya no permite que la moneda pueda bastar para coordinar la vida económica, es necesario establecer en su lugar un simulacro de coordinación burocrática; y la organización burocrática central, que es el aparato de Estado, está llamada naturalmente a tomar más tarde o más temprano las riendas de dicha coordinación. El eje en torno al cual gira la vida social así transformada no es sino la preparación para la guerra. Desde el momento en que la lucha por el poder se opera mediante la conquista y la destrucción o, dicho de otro modo, mediante una guerra económica difusa, no resulta extraño que la guerra propiamente dicha pase a un primer plano. Y como la guerra es la forma propia de la lucha por el poder cuando los competidores son Estados, todo progreso en el control de la vida económica por parte del Estado hace un poco más pronunciada aún dicha orientación de la vida industrial hacia la preparación para la guerra; y al mismo tiempo, las exigencias en continuo crecimiento de la preparación para la guerra contribuyen a someter cada día más el conjunto de las actividades económicas y sociales de cada país a la autoridad del poder central. Parece bastante claro que la humanidad contemporánea tiende por todas partes a una forma totalitaria de organización social, por usar el término que los nacionalsocialistas han puesto de moda, es decir a un régimen en el que el poder de Estado tendría soberanía para decidir en todos los ámbitos, incluso y sobre todo en el ámbito del pensamiento. Rusia ofrece un ejemplo casi perfecto de un régimen así, para desgracia del pueblo ruso; los demás países están llamados a seguir el mismo camino, salvo que se produzcan seísmos análogos al de octubre de 1917, pero parece inevitable que todos lo sigan más o menos en los próximos años. Esta evolución no hará sino dar al desorden una forma burocrática e incrementar aún más la incoherencia, el derroche, la miseria. Las guerras acarrearán un consumo insensato de materias primas y utillaje, una disparatada destrucción de los bienes de todo tipo que nos han dejado en herencia las generaciones anteriores. Cuando el caos y la destrucción alcancen el límite a partir del cual el funcionamiento mismo de la organización económica y social se haga materialmente imposible, nuestra civilización perecerá; y la humanidad, tras regresar a un nivel de vida más o menos primitivo y a una vida social diseminada en colectividades mucho más pequeñas, emprenderá un nuevo camino que nos es totalmente imposible predecir.

Si nos imaginamos que podemos dar a la historia un rumbo diferente transformando el régimen a golpes de reformas o revoluciones, si esperamos la salvación de una acción defensiva u ofensiva contra la tiranía y el militarismo, es que estamos soñando despiertos. No existe nada en lo que podamos basar siquiera unas simples tentativas. La fórmula de Marx según la cual el régimen engendraría a sus propios enterradores es cruelmente refutada un día tras otro; y de hecho nos preguntamos cómo es posible que Marx creyera que la esclavitud podría formar hombres libres. Hasta ahora, jamás en la historia cayó un régimen de esclavitud por la acción de los esclavos. La verdad es que, según una famosa fórmula, la esclavitud envilece hasta tal punto que el hombre acaba por amarla; que la libertad solo es valiosa para quienes la poseen de verdad; y que un régimen enteramente inhumano como el nuestro, lejos de forjar seres capaces de edificar una sociedad humana, modela a su imagen a todos aquellos a los que somete, ya sean oprimidos u opresores. Por todas partes, en mayor o menor grado, la imposibilidad de relacionar lo que uno da con lo que recibe ha acabado con el sentido del trabajo bien hecho, con el sentimiento de la responsabilidad, ha suscitado la pasividad, el abandono, la costumbre de esperarlo todo del exterior, la creencia en los milagros. Incluso en el campo, el sentimiento de un profundo vínculo entre la tierra que nutre al hombre y el hombre que trabaja la tierra se ha borrado en gran medida desde que el gusto por la especulación y las imprevisibles variaciones de monedas y precios han acostumbrado a los campesinos a volver la mirada hacia la ciudad. El obrero no tiene conciencia de ganarse la vida actuando como productor; simplemente la empresa lo somete cada día durante largas horas y le concede cada semana una suma de dinero que le otorga el poder mágico de suscitar en un instante productos ya fabricados, exactamente igual que hacen los ricos. La presencia de incontables desempleados y la cruel necesidad de mendigar un puesto de trabajo hacen que el salario parezca menos un salario que una limosna. En cuanto a los propios desempleados, por mucho que sean parásitos involuntarios y miserables, no dejan de ser parásitos. En líneas generales, la relación entre el trabajo realizado y el dinero recibido resulta tan difícil de entender que parece casi un mero accidente, de tal manera que el trabajo parece una esclavitud y el dinero un favor. Los círculos llamados dirigentes están aquejados de la misma pasividad que todos los demás, por el hecho de que, desbordados como están por un océano de problemas inextricables, hace mucho tiempo que renunciaron a dirigir. Es inútil buscar, desde lo más alto hasta lo más bajo de la escala social, un círculo de hombres en el que pueda germinar un día la idea de que, llegado el caso, podrían verse obligados a tomar las riendas de la sociedad; solo las declamaciones de los fascistas podrían dar gato por liebre en este sentido, pero están vacías. Como ocurre siempre, la confusión mental y la pasividad dan rienda suelta a la imaginación. Todos andan obsesionados por una representación de la vida social que, aunque difiere sobremanera de un círculo a otro, siempre está hecha de misterios, cualidades ocultas, mitos, ídolos, monstruos; todos creen que el poder reside misteriosamente en alguno de los círculos a los que no tienen acceso, porque casi nadie entiende que no reside en ninguna parte, de manera que el sentimiento dominante por doquier es el miedo vertiginoso que siempre produce la pérdida del contacto con la realidad. Cada círculo aparece desde afuera como un objeto de pesadilla. En los círculos relacionados con el movimiento obrero, los sueños están poblados de monstruos mitológicos cuyos nombres son Finanza, Industria, Bolsa, Banca y demás; los burgueses sueñan con otros monstruos a los que llaman cabecillas, agitadores, demagogos; los políticos consideran a los capitalistas como seres sobrenaturales que son los únicos que tienen la clave de la situación, y viceversa; cada pueblo mira a los pueblos vecinos como si fueran monstruos colectivos animados por una perversidad diabólica. Podríamos desarrollar este tema indefinidamente. En una situación así, cualquier miserable puede ser visto como un rey y, solo por eso, serlo en cierta medida; y esto no es solo cierto en el caso de los hombres, sino también de los círculos dirigentes. Nada es más fácil tampoco que propagar un mito cualquiera en una población. No debemos extrañarnos entonces de la aparición de regímenes "totalitarios" sin precedentes en la historia. Suele decirse que la fuerza es incapaz de domar al pensamiento; pero para que esto sea cierto, tiene que haber pensamiento. Donde las opiniones infundadas suplen a las ideas, la fuerza lo puede todo. Es bien injusto decir por ejemplo que el fascismo aniquila el pensamiento libre; en realidad es la ausencia de pensamiento libre la que hace posible que se impongan por la fuerza doctrinas oficiales totalmente desprovistas de significado. A decir verdad, un régimen así incluso logra aumentar de forma considerable el entontecimiento general, y hay poca esperanza para las generaciones que hayan crecido en las condiciones que dicho régimen suscita. En nuestros días, toda tentativa para embrutecer a los seres humanos encuentra a su disposición medios poderosos. Sin embargo, hay algo que es imposible, por mucho que uno disponga de la mejor de las tribunas; a saber, difundir ampliamente ideas claras, razonamientos correctos, observaciones razonables.

No podemos esperar ayuda de los hombres; y aunque pudiéramos, los hombres no dejarían de estar derrotados de antemano por el poder de las cosas. Los únicos medios de acción que proporciona la sociedad actual son máquinas de aplastar a la humanidad; cualesquiera que puedan ser las intenciones de los que se hacen con ellas, dichas máquinas aplastan y aplastarán mientras existan. Con los presidios industriales que constituyen las grandes fábricas solo se pueden fabricar esclavos, no trabajadores libres, y a4n menos trabajadores aptos para constituir una clase dominante. Con cañones, aviones, bombas, se puede sembrar la muerte, el terror, la opresión, pero no la vida y la libertad. Con las máscaras de gas, los refugios, las alertas, se pueden forjar miserables rebaños de seres aterrados, dispuestos a dejarse llevar por los más insensatos temores y a agradecer el advenimiento de las más humillantes tiranías, pero no ciudadanos. Con la gran prensa y la telegrafía sin hilos, se puede hacer que todo un pueblo, junto con el desayuno o la cena, se trague opiniones hechas y por consiguiente absurdas, porque hasta las ideas razonables se deforman y se vuelven falsas en la mente que las acoge sin reflexión; pero con cosas así no se puede suscitar ni un destello de pensamiento. Y sin fábricas, sin armas, sin gran prensa no se puede hacer nada contra los que poseen todo eso. Es así con todo. Los medios poderosos son opresivos, los medios débiles son inoperantes. Todas las veces que los oprimidos han querido constituir agrupaciones capaces de ejercer una influencia real, dichas agrupaciones, ya se llamen partidos o sindicatos, han reproducido en su seno todas y cada una de las taras del régimen que pretendían reformar o derribar, a saber, la organización burocrática, la inversión de la relación entre medios y fines, el desprecio del individuo, la separación entre el pensamiento y la acción, el carácter mecánico del propio pensamiento, la utilización del embrutecimiento y la mentira como medios de propaganda, y así sucesivamente. La única posibilidad de salvación consistiría en una cooperación metódica de todos, poderosos y débiles, con vistas a una descentralización progresiva de la vida social; pero el absurdo de semejante idea enseguida salta a la vista. Una cooperación semejante no se puede imaginar ni en sueños dentro de una civilización basada en la rivalidad, la lucha, la guerra. Fuera de dicha cooperación, es imposible detener la ciega tendencia de la máquina social hacia una centralización creciente, hasta que un día la propia máquina se atasque brutalmente y vuele en pedazos. ¿Qué peso pueden tener los deseos y los anhelos de aquellos que no están en los puestos de mando si, reducidos a la más trágica de las impotencias, son meros juguetes en manos de fuerzas ciegas y brutales? Por lo que respecta a quienes poseen un poder económico o político, hostigados sin tregua como están por las ambiciones rivales y las potencias hostiles, no pueden tratar de disminuir su propio poder sin condenarse casi con toda seguridad a verse desposeídos. Cuanto más animados se sientan por buenas intenciones, más obligados se verán, incluso a su pesar, a intentar ampliar su poder a fin de ampliar su capacidad para hacer el bien; lo cual equivale a oprimir con la esperanza de liberar, como hizo Lenin. Evidentemente es imposible que la descentralización provenga del poder central; en la medida misma en que se ejerce, el poder central subordina todo lo demás. En líneas generales la idea del despotismo ilustrado, que siempre tuvo un carácter utópico, resulta hoy de todo punto absurda. En presencia de problemas cuya variedad y complejidad sobrepasan infinitamente tanto a las grandes mentes como a las pequeñas, no hay déspota en el mundo que pueda ser ilustrado. Si algunos hombres pueden esperar, a fuerza de reflexiones honestas y metódicas, distinguir ciertos resquicios de luz en esta impenetrable oscuridad, desde luego no es el caso de aquellos a los que las preocupaciones y responsabilidades del poder privan a la vez de tiempo libre y de libertad mental. En una situación así, ¿qué pueden hacer los que aún se obstinan, contra viento y marea, en respetar la dignidad humana en sí mismos y en los demás? Nada, salvo esforzarse en desacoplar un poco los engranajes de la máquina que nos tritura; aprovechar la menor ocasión de despertar un poco el pensamiento dondequiera que sea posible; promover todo lo que sea capaz, en el ámbito de la política, la economía o la técnica, de dar aquí y allá al individuo una cierta libertad de movimientos en el interior de las cadenas que le impone la organización social. Es algo, desde luego, pero nada del otro mundo. En líneas generales, la situación en la que estamos se parece bastante a la de unos viajeros totalmente ignorantes que se encontrasen en un automóvil lanzado a toda velocidad y sin conductor por una zona accidentada. ¿Cuándo se producirá la fractura tras la cual se podrá tratar de construir algo nuevo? Tal vez sea cuestión de algunas décadas, tal vez de siglos. Ningún dato permite determinar un plazo probable. Eso sí, no parece que los recursos materiales de nuestra civilización vayan a agotarse, incluso contando con las guerras, antes de que pase bastante tiempo, y por otra parte, como la centralización, al suprimir toda iniciativa individual y toda vida local, destruye con su sola existencia todo lo que podría servir de base para una organización diferente, podemos suponer que el sistema actual subsistirá hasta el límite último de sus posibilidades. En resumidas cuentas, parece razonable pensar que las generaciones que presenciarán las dificultades suscitadas por el hundimiento del régimen actual aún están por nacer. En cuanto a las generaciones vivas al día de hoy, tal vez sean, de todas las que se han ido sucediendo a lo largo de la historia humana, las que han tenido que soportar más responsabilidades imaginarias y menos responsabilidades reales. Esta situación, una vez plenamente comprendida, deja una libertad mental maravillosa.

Conclusión

¿QUÉ PERECERÁ REALMENTE Y qué subsistirá de la civilización actual? ¿En qué condiciones, en qué sentido se desarrollará la historia a continuación? Estas cuestiones son insolubles. Lo que sí sabemos de antemano es que la vida será tanto menos inhumana cuanto mayor sea la capacidad individual para pensar y actuar. La civilización actual, de la que nuestros descendientes heredarán al menos unos fragmentos, tiene en su interior, de eso no nos cabe duda, con qué aplastar al hombre; pero también tiene, al menos en germen, con qué liberarlo. Hay en nuestra ciencia, pese a las tinieblas que trae consigo una especie de nueva escolástica, destellos admirables, partes límpidas y luminosas, procesos mentales perfectamente metódicos. También en nuestra técnica hay gérmenes de liberación del trabajo. Pero no, como se suele creer, por el lado de las máquinas automáticas; estas se muestran bien aptas, desde un punto de vista puramente técnico, para descargar a los hombres de lo que el trabajo pueda tener de mecánico e inconsciente, pero en cambio están ligadas de modo indisoluble a una organización de la economía centralizada en exceso y por ende muy opresiva. Pero otras formas de la máquina herramienta han producido, sobre todo antes de la guerra, la que tal vez sea la especie más hermosa de trabajador consciente que haya aparecido jamás en la historia, a saber, el obrero cualificado. Si, en el transcurso de los últimos veinte años, la máquina herramienta ha adoptado formas cada vez más automáticas, si el trabajo realizado, incluso en las máquinas de modelo relativamente antiguo, se ha vuelto cada vez más mecánico, es debido a la creciente concentración de la economía. ¿Quién sabe si una industria diseminada en innumerables pequeñas empresas no suscitaría una evolución inversa de la máquina herramienta y, en paralelo, unas formas de trabajo necesitadas de una conciencia y un ingenio mucho mayores que el trabajo más cualificado de las fábricas modernas? No es ilícito esperar algo así teniendo en cuenta que la electricidad suministra la forma de energía que convendría a semejante organización industrial. Dado que nuestra impotencia casi total respecto a los males presentes nos exime al menos, una vez comprendida con claridad, de preocuparnos por la actualidad salvo en los momentos en que nos ataca de forma directa, ¿qué tarea más noble podríamos asumir que preparar metódicamente un futuro así trabajando en el inventario de la civilización presente? Se trata, a decir verdad, de una tarea que supera con mucho las restringidas posibilidades de una vida humana; y por otra parte, adentrarse en un camino como ese equivale a condenarse con toda seguridad a la soledad moral, la incomprensión y la hostilidad tanto de los enemigos del orden existente como de sus adeptos; en cuanto a las generaciones futuras, nada permite suponer que el azar vaya siquiera a hacerles llegar, si se da el caso, por entre las catástrofes que nos separan de ellas, los fragmentos de ideas que podrían elaborar en nuestros días algunas mentes solitarias. Pero sería una locura quejarse de semejante situación. Jamás hubo un pacto con la Providencia que prometiera eficacia, ni siquiera a los esfuerzos más generosos. Y cuando nos hemos resuelto a confiar, en torno de nosotros y de nuestro alrededor, solo en los esfuerzos que se originan y fundamentan en el propio pensamiento de quien los realiza, sería ridículo desear que una operación mágica permitiera obtener grandes resultados con las ínfimas fuerzas de las que disponen los individuos aislados. Razones así nunca pueden desviar a un espíritu firme que ha percibido con claridad que debe hacer una cosa y solo una. Así pues, se trataría de separar, en la civilización actual, aquello que pertenece por derecho al hombre considerado como individuo de aquello que puede proporcionar armas contra él a la colectividad, sin dejar de buscar los medios para desarrollar los primeros elementos en detrimento de los segundos. Por lo que respecta a la ciencia, no debemos seguir tratando de añadir más volumen a la enorme masa que ya constituye; hay que hacer un balance para que la mente pueda distinguir lo que es propiamente científico, lo que está constituido por nociones claras, y hacer a un lado lo que no es más que un procedimiento automático para coordinar, unificar, resumir o incluso descubrir; debemos intentar que esos procedimientos sean una labor consciente de la mente; debemos, en líneas generales y siempre que podamos, concebir y presentar los resultados como un simple momento en la actividad metódica del pensamiento. Para ello sin duda es imprescindible un estudio serio de la historia de las ciencias. En cuanto a la técnica, habría que estudiarla en profundidad: su historia, su estado actual, sus posibilidades de desarrollo, y ello desde un punto de vista totalmente nuevo que ya no sería el del rendimiento, sino el de la relación del trabajador con su trabajo. Por último, habría que esclarecer la analogía en las maneras de proceder del pensamiento humano, por un lado en la vida cotidiana y sobre todo en el trabajo, y por otro lado en la elaboración metódica de la ciencia. Aunque una serie de reflexiones así orientadas estuviera condenada a no influir en la ulterior evolución de la organización social, no por eso perdería su valor; los futuros destinos de la humanidad no son el único asunto que merece consideración. Solo los fanáticos pueden pensar que la propia existencia carece de valor si no está al servicio de una causa colectiva; reaccionar contra la subordinación del individuo a la colectividad implica negarse primero a subordinar el propio destino al devenir de la historia. Para decidirse a llevar a cabo semejante esfuerzo de análisis crítico, basta comprender que quien lo emprenda conseguirá escapar del contagio de la locura y el vértigo colectivo renovando por su cuenta, por encima del ídolo social, el pacto original de la mente con el universo.

1934

Índice

Queremos hacer libros
cada vez mejores, para eso
necesitamos saber qué pensás.

Envianos un mail y contanos lo
que pensás sobre este libro
info@edicionesgodot.com.ar

O respondé una breve encuesta:
bitly.com/edgodot

Libro compuesto
en tipografía Stempel
Garamond 11/14 creada por
Claude Garamond en el siglo
XVI en Francia, versión de la fun-
dición Stempel en 1924. Notas
al pie compuestas en 10pt y
títulos en Helvetica Neue
en 22pt.

www.edicionesgodot.com.ar
info@edicionesgodot.com.ar
Facebook.com/EdicionesGodot
Twitter.com/EdicionesGodot
Instagram.com/EdicionesGodot
YouTube/EdicionesGodot